张岂之　叶国华　主编

中国传统文化经典语录

居安思危

陈战峰　编撰

西安出版社

图书在版编目(CIP)数据

居安思危/陈战峰编撰.—西安:西安出版社,2008.6
(2012.3重印)(中国传统文化经典语录)
ISBN 978-7-80712-423-8

Ⅰ.居… Ⅱ.陈… Ⅲ.传统文化—中国—通俗读物
Ⅳ.K203-49

中国版本图书馆CIP数据核字(2008)第078003号

中国传统文化经典语录 居安思危

主　　编:张岂之　叶国华
编　　撰:陈战峰
出版发行:西安出版社
社　　址:西安市长安北路56号
电　　话:(029)85253740
邮政编码:710061
网　　址:www.xacbs.com
印　　刷:陕西宏业印务有限责任公司
开　　本:660mm×1000mm　1/16
印　　张:11.5
字　　数:155千
版　　次:2012年3月第2版
2012年3月第2次印刷
ISBN 978-7-80712-423-8/K·43
定　　价:18.00元

张岂之

在《中国传统文化经典语录》系列丛书与读者朋友见面之际，我想简要说明一下有关情况，作为这套丛书的总序。

一

从上个世纪末开始，随着我国在经济和社会发展上取得举世瞩目的成就，中华文化日益受到国内外和各界人士的关注。中华文化典藏浩如烟海，要进入这座精神宝库，殊非易事。近年来，我国学人们在研究：如何在深入研究的前提下，准确地向公众普及中华文化？我国不少专家学者写出了阐释中华文化的著作，其中有学术提高性的，也有通俗普及性的。学术性与普及性如何结合得更好，大家正在探索中。这也引起身在海外学者的重视，余英时先生在北京出版的《中国文化》杂志2008年春季号“学人寄语”中说：“中国人文研究的‘提高’和‘普及’是一项不可分割的迫切任务，承担它的不仅是‘普及’作者，人文专家同样义不容辞。”

我对此是深有体会的。十多年前，我在清华大学、西北大学等高校为学生作讲演，讲中华文化悠久丰富的人文精神，当时尝试在文化研究与普及上做些工作。我将中华人文精神扼要地概括为若干方面，以可靠的资料做基础，力求加以切实的解剖和分析，为年轻学子和读者朋友提供关于中华人文精神的知识，想给人们在塑造高尚的精神世界、培育健康的审美能力时以助益。我主编的季刊《华夏文化》也是进行文化研究与普及相结合的园地，在近二十年的办刊实践中一直保持这个特色。当然，和其他学人一样，我也深切地感受到在高深的学术研究与通俗的文化普及之间进行沟通的艰辛。多年来国内人文学者对这些问题进行了研究，并在学术研究的基础上不断探索，陆续出版了一些受专业学者和文化爱好者欢迎的著作。

学术研究与文化普及似乎只是内容和形式的问题，实际上，远没有这样简单。文化普及工作，除要求文字表达简明准确、生动活泼之外，在内容上也要有深入的研究，学者可以通过简明的文字将自己的研究心得传达出来，让更多的读者受益。在这个方面，要重视"深入浅出"：只有"深入"，有了研究心得，内容才有价值；只有"浅出"，文字简洁、生动，才能吸引广大读者。还有更深一层的意义，就是关于建设我国现实主体文化的问题，其中绝对不可以缺少的，应当是祖国优秀传统文化的继承和发扬，经过新的介绍和阐释，以便在现代公民中普及现实主体价值观。这是一项很有意义的工作，当然，这一建设需要从普及和提高两个方面去做。可见，文化普及性的工作在中华文化的弘扬中意义重大。只有当人们理解到自己的工作是与建设现实主体文化相联系的时候，才会感到工作具有重要的意义。

二

2007年上半年，负责西安市理论宣传工作的王军先生向西安出版社提出倡议，希望由我和香港的叶国华先生共同担任主编，选编、出版一套力求普及和提高相结合、又以普及为主的《中国传统文化经典语录》。当西安出版社负责人向我说明这个计划后，我觉得很好。为什么要提"普及与提高相结合"？这意味着被邀请写稿和审稿的人，需要有关于中国传统文化的学术素养，进行过有关这方面的学术研究，这样，他们做普及工作才有根底，在科学性上才有保证。为什么又要强调"以普及为主"？因为这套丛书是建立在学术研究基础上的文化普及读物，主要面向具有中等以上文化水平的读者群，在关于中华人文经典的阐释上，要使读者们能够看懂，并且能

读出兴趣来，这样才能普及中国优秀传统文化，从而让它在现实社会中滋润人们的心田。

这套丛书从确定编写方案到编辑出版，历时一年多。期间，由西安出版社社长张军孝先生召集，先后开了几次会议，研究编写方案、初审情况和提高稿件质量等。关于编写中的主要问题，我都参与了意见，多数稿件在初审和复审后，我都看过，而且写出了再修改的一些建议。在工作过程中，叶国华先生以及香港耀中出版社的同行也通过西安出版社提出了若干建议和意见。

本丛书第一批共 12 本，包括《天人之际》《道法自然》《生生不息》《居安思危》《以民为本》《仁者爱人》《慈悲为怀》《养生有道》《明德至善》《诚实守信》《天下大同》《和而不同》。它们是中国古代思想家论著的选编，分别考察了中国古代关于天人关系的基本认识及其对人类政治伦理生活和社会理想的影响，大体能够反映中国传统文化的经典性、民族性，是中华文化的主要构成部分，今天的学人加以阐释，体现时代性，成为构建中华民族精神家园的重要思想资料。

《天人之际》，编撰者是陕西师范大学政治经济学院许宁副教授和硕士研究生郭荣芳。天人关系是中国古代哲学的基本问题之一。中国学术文化中对于“天人之际”的艰苦探索，成为探讨个体生命价值及其与自然及社会联结的理论基石。“天人之际”不仅包括“天人合一”的观念，而且包括“天人相分”、“天人交胜”的认识，它们从不同角度论述了人与自然怎样才能达到和谐的境界。

《道法自然》，编撰者是西北大学中国思想文化研究所郑熊博士。道法自然，是道家思想的核心内容，对今天反思和处理环境问题有深刻的思想启迪。它强调一切都要顺应自然、自然而然，反对人强行妄作。“顺应自然”的理论观点被运用到社会生活的各个方面，用来处理人与人、人与万物的关系，有助于实现人、社会、自然的和谐与可持续发展。

《生生不息》，编撰者是西北大学社会科学系付粉鸽博士。生生不息是中华文化的基本特质之一，它塑造了中国人独特的精神面貌，赞颂了人的生命尊严，展现出民族的自强不息精神，它也是中华文化保持长久活力、绵延不绝的内在原因。古人认为阴阳之间的相互作用是天地化生的推动力,这种辩证思维具体表现为"有对"精神、"会通"精神和"中和"精神。

《居安思危》,编撰者是西北大学中国思想文化研究所陈战峰博士。《左传·襄公十一年》:"《书》曰:'居安思危。'思则有备,有备无患。"它是中国以儒道两家为主干的"百家之学"的共同认识。它从事物变易转化的高度观察和审视自然与社会的发展,提醒人们关注治乱、兴衰的转换,提高预察事物的认识和能力,树立常备不懈的忧患意识。"生于忧患,死于安乐",反映了人们以史为鉴、努力实现长治久安的自觉性。

《以民为本》,编撰者是陕西师范大学文学院周淑萍副教授和硕士研究生王夏红。以民为本是中国古代思想家的共识,如儒家、墨家、道家、法家、兵家、杂家等。它在本质上是君主制下的爱民、重民、保民、富民、乐民的观念。以民为本的思想贯穿于中国古代思想文化史的全部,一定程度上体现了对百姓的关怀,在中国古代政治实践中发挥过重要作用。

《仁者爱人》,编撰者是陕西师范大学历史文化学院韩星教授和硕士研究生杨永亮。"仁"是儒家思想的核心观念,也是中国古代伦理道德的宗旨和根本。孔子阐述"仁"的基本内涵是"爱人",儒家主张从爱自己的亲人开始,然后推广去爱别人。"老吾老以及人之老,幼吾幼以及人之幼",孟子的名言成为中华民族精神的生动表述。

《慈悲为怀》,编撰者是西北大学中国思想文化研究所宋玉波博士。"慈悲为怀"是佛教教义,其哲学基础是缘起理论,力求从事物的普遍联系中去看世界万物。它体现出鲜明的人文关怀与深沉的宗教情怀,是对人类常情的一种升华与超越,不断激励人向善,同时也表达了人们对美好生活的向往,对建设美好和谐的人间社会具有激励意义。

《养生有道》,编撰者是陕西省社会科学院宗教研究所张应超研究员。中国医药学与养生学是优秀传统文化中的重要组成部分,具有悠久的历史。"人命至重,有贵千金",尊重生命成为中国医药学和养生学的核心观念。古代思想家大多认为人的寿命长短与个人的修养功夫有关,重视德行,知足常乐,淡泊宁静,养气保神,注重饮食起居,导引按摩,从而使养生成为身体与精神相协调的具体行动。

《明德至善》,编撰者是西安文理学院王美凤教授。《礼记》中的《大学》篇强调"明德"、"亲民"、"止于至善"三纲领,"明德"是一个长期的学习、修养的过程。古人不断追求和践行君子之道,通过修身养性使精神达到至高的境界。在中国传统文化中,人人皆可以成为圣贤,不靠天赋,也不靠家庭门第,而是要凭借自身的精进努力,充分彰显了后天学习的重要意义。

《诚实守信》,编撰者是西北大学中国思想文化研究所李江辉博士。"诚""信"是古代思想家对天道与人道相互关系进行总结和理论概括的成果之一。《礼记》中的《中庸》篇称"诚"为天道,称向"诚"学习为人道,可见,人道就是使"诚"得到实现,并成为人的行为准则。诚信强调名实相符、言行如一,包括诚实和守信两个方面,它们也是人道德品质的一种表征。

《天下大同》,编撰者是陕西师范大学历史文化学院韩星教授。《礼记》中的《礼运》篇比较完整地提出了关于"大同"社会的理想。"大同"社会以"天下为公"为最高准绳,它不同于"天下为家"的社会。虽然"大同"理想主要源于儒家,但是它也同时吸收了墨家和道家的某些思想,是中国古代"和而不同"文化精神的结晶。

《和而不同》,编撰者是陕西师范大学历史文化学院韩星教授。"和而不同"的"和"是指多样性的统一,是建立在异质性基础上的。而"同"则是同质性的一致,是没有生命力的同一。"和而不同"思想贯穿于中华文化发展的始终,又渗透到中国文化的各个方面。在"和而不同"思想指引下,中华民族不断创新,保持了旺盛的生命力。今天,"和而不同"思想仍是我们建设美好社会的指导性思想。

丛书各册均围绕一个主题,根据编撰者对相关历史文化及思想家语录的梳理分析设置章目。体例由导读、原文、今译、时析、参考文献组成,个别字句适当加以简要注释。"导读"介绍各分册的主要内容和编撰者的研究心得,它有助于读者了解各专题的思想要点和编撰情况。"原文"所选条目范围比较广泛,涉及经史诸子典籍,力求言简意赅,具有理论性。不少条目能够体现中国传统文化的核心价值观念,也具有普世价值,对当今现实世界具有借鉴意义。"今译"力求准确流畅,通达雅洁。"时析"是本丛书的特色之一,侧重阐述中国优秀传统文化的现实意义。

三

参与这套丛书编撰工作的学者，最年长的是陕西省社会科学院张应超研究员，他长期从事中国古代养生学的研究；其余都是中青年学者，大多数具有历史学专业的博士学位，经历过良好的科学研究训练，撰写发表过学术论文，目前在高校从事中国思想文化和中国哲学等专业的科研教学工作，具有承担相关主题编撰任务的学术素养和能力。

各册初稿完成后，都经过初审、复审、终审三个阶段。初审工作主要由西北大学中国思想文化研究所谢阳举教授负责。在初审意见基础上修改后的二稿，则进入复审环节，主要由陕西师范大学政治经济学院刘学智教授、西北大学中国思想文化研究所方光华教授、西北大学中国思想文化研究所谢阳举教授、陕西师范大学历史文化学院韩星教授分别承担。在复审意见指导下对二稿进行修改斟酌，形成三稿，进入终审环节。多数稿件经过我审阅，并对所阅分册分别提出具体意见，少数分册由陕西师范大学国际汉学院陈学超教授审定。通过终审的稿件，再加以润色调整，移交西安出版社。出版社对这套丛书的出版工作进行了精心的布置和策划，每个分册安排有专门的责任编辑负责编辑和技术处理工作。此外，这套丛书先行在内地出版中文本，再由香港的叶国华先生负责主持，译成英文，形成中英文对照本，以便在海外发行。

应该指出的是，编撰一套较好的、分量不大、可读性较强的《中国传统文化经典语录》，并非易事，这项工作还需要不断积累经验、提高水平，才能做得更好。

我诚恳地希望这套丛书能够贴近大众生活，为读者们学习中华文化提供一些便利条件，至于其中的错误和不足，请读者朋友们批评指正。

2008 年 6 月

于西北大学中国思想文化研究所

序

叶国华

《中国传统文化经典语录》,经编撰团队同仁辛勤不懈的努力,终于出版面世。2007年春天王军先生提出这个倡议,得到张岂之先生和我的赞同。随后,我们在丛书编选方式上很快达成了一致,包括按主题选材,采取今译时析的体例,等等。负责编撰审校的各位学者付出了大量心血,岂之先生住院期间和康复出院在外地出差过程中,仍经常关心过问编撰进度和质量,通过多种方式提出指导性的意见。丛书在队伍组织上的一个特色,使得香港的耀中教育机构的学者也参与了工作,希望对中国传统文化的阐释,拉扩一些现代普世价值的视角,并在将来的海外出版中,担当一个中西沟通的桥梁作用。

参与这项重要工作,给了我们一个很好的学习和思考的机会,对我这个香港人更有着特别一些的意义。我生在二战时的殖民地,知事时适逢抗战胜利,中国位列战胜国五强,自幼便感受到强烈的民族主义、爱国主义的环境。此后的政治环境变化迅速,我们这一辈人在成长中又经历了国家政治经济形势起伏变迁的深刻影响;但因身在境外,有机会相对稳定地学习与生活,当然也有身处殖民地的抗争与曲折,但总的来说可以有一个自由思索的环境,故在对祖国保持深爱的同时,也对日常学习、工作、生活中反复出现的连串问题常进行思考,如:为何中国能强大两千年,而近代以来又衰落而沦为殖民地半殖民地?近三十年,中国终于走上了和谐社会、和平发展的道路,但此后中国与世界互动的过程与效果如何?一个发展中的大国全面崛起后中国在世界上人口占如此大的比例,我们对这个星球及她所承载的人类万物能有同比例的爱护与贡献吗?九百多年前张载就提出民胞物与,届时人们还有此理解与抱负吗?传统文化经典中蕴藏着大智能，从中撷取那些闪烁着永恒之光的金石良言，温故而知新，对我们思考这些问题是会有不少启迪的。

我们在承传与创新传统文化中，也要有世界的视野与责任。中国的"崛起"，客观上就动摇了世界的原有秩序，引起原秩序得益者的种种回应是不可避免的。问题在于我们如何调整自己，循序渐进，加强沟通，学习别人，介绍自己，还要对原有秩序有建设性的调适与尊重。二百年来，我们看世界特别是西方，与中国是对立的关系，到了新时代，这种对立应成为包容，即"世界的中国"，"中国的世界"。对于中华文化，中国人要有爱、温情与敬意，也要在比较与认知的基础上，有建设性、批判性的新解，找出与全球价值接轨的内容，让全人类都有所了解、有所融会，才能参与回应21世纪全球人类的共同问题。中国人对世界其他文明体系、文化与价值观亦应持了解、欣赏、学习、借鉴的态度。今天，世界各种文明已走向休戚与共的整体，中国也已是世界的一部分，作为达成世界良治的利益相关者，中华民族已成为世界人民与地球万物的成比例的造福者。我们出版《中国传统文化经典语录》，也希望在中华文化与当代世界文明的对话中发挥应有的作用，做出自己的贡献。

孔庙大成殿有匾额"中和位育"，这是我近来常提到的一个哲理，它对个人、机构、社会、国家都极有指导价值。好的文化与制度，就在于为人在世界找到适应的位置与关系，同世界和谐相处，才能健康地生存与发展。经过百年屈辱的中国，在取得诸如经济腾飞、成功举办奥运等成就后，要的也是"中和位育"，不强出头，泰然处于大千世界而达至"天地位焉""万物育焉"的"中和"之境。这也是对传统文化的一点新解吧！

中华经典博大精深，无论我们多么认真细致，倾力以赴，编撰当中的疏漏也在所难免；更因以今人认知加以选择诠释，则难求全，故只算是抛砖引玉，开一个头，以求对中国传统文化的学习与发扬作一个新的尝试。

2008年6月于香港清水湾

导读

本书是中国传统文化《经典语录》丛书中的一种。书名“居安思危”最早出自《尚书》,被《春秋左传》(襄公十一年)引用,西晋杜预在注解《春秋左传》时强调它出自散佚的《尚书》。可见,“居安思危”起源很早,它反映了早期人们(特别是统治者)以史为鉴、努力实现长治久安的自觉性。

在中国古代文化典籍中,比如《四库全书》所收录的经史子集中,词语“居安思危”出现的频率很高;而更多的则是运用不同表达方式传达出来的“居安思危”观念和忧患意识。“忧患”一词,最早见于《周易·系辞下》:“《易》之兴也,其于中古乎? 作《易》者,其有忧患乎?”忧患意识,指人们身处太平顺达的境遇却不忘记出现危险祸患的可能性,时常提醒自己加以警戒,并采取积极措施预防或推迟祸患的降临。比较全面、有代表性的是《易传·系辞下》中的一段话:“危者,安其位者也。亡者,保其存者也。乱者,有其治者也。是故君子安而不忘危,存而不忘亡,治而不忘乱,是以身安而国家可保也。”安危、存亡、治乱都是相辅相成的,要想保全自身和国家,就必须增强忧患意识。

忧患意识是中国古代先哲们在把握事物发展变化规律的基础上形成的预见性观念,体现了深刻的哲学理论思维,在今天依然具有重要的理论意义和现实价值。它的理论基础是对事物矛盾转化的辩证认识,以《周易》和《老子》为代表。《周易》的主要概念是阴阳,《易传·系辞》对此做了系统的发挥,认为世界上的一切变化,都源于阴、阳的转换,提出“刚柔相推而生变化”(《周易·系辞上》),阳刚而阴柔,因此刚柔也即阴阳,相推即相互推移,相互作用。《老子》重视有无的相反相成关系,强调“反者‘道’之动”(《老子》第四十章),指出正是因为有了矛盾才有道的运行,事物发展到一定的程度就会向对立面转换和返归。这些朴素的辩证观念提醒人们观察世事,不能忽视治乱、兴衰的转换,从而具备预察事物的意识和能力。

忧患意识是我国古代思想文化的特色之一,内容丰富,影响深远。当然,这种意识与具体的历史时代背景和社会土壤分不开,在民族矛盾和民族融合频繁的时期,作为国家治理层面的忧患感就体现得更为明显;而在时代动荡、社会交替,个人对社会历史现象不断加深理解的时期,作为反思个人安身立命和人生价值的忧患感就会呼之欲出。可见,忧患意识具有鲜明的时代性、针对性和变易性。先秦时期,士大夫们担忧的是国家、百姓的安危,具有“忧天下”的博大情怀。随着封建社会的到来,“家天下”观念的成熟定形,君主成为国家、政治、天下的象征,是封建统治阶级的最高代言人,在这种情况下,忧国、忧社稷、忧百姓就逐渐演变为“忧君”的观念。这是在中国古代社会随社会形态的变迁“忧患意识”产生的细微区别。当然,建立在“忠君”基础上的“忧君”,往往也同时伴随着忧民、忧国家、忧天下的问题,呈现出复杂的状态。总之,我国历史文化中的忧患意识,是古代朴素辩证观在政治思想领域的具体表现,“居安思危”观念实际上是忧患意识的不同表述。

“居安思危”的忧患意识包罗的内容很丰富。首先,对个人而言,关心主体的道德修养和思想境界,主张人们要“慎始敬终”(《左传·襄公二十五年》),做事认真有恒心,就可以远离祸患。如孔子说:“德之不修,学之不讲,闻义不能徙,不善不能改,是吾忧也。”(《论语·述而》)将道德教化是否能普及天下作为忧思的主要内容。其次,如何保持一种长治久安的局面,防止和杜绝祸患的发生。如果遵循客观历史规律,克服人类妄为因素,顺应自然,社会和个人就可以趋吉避凶,获得较为长久的安宁和福祉。老子提出“绝学无忧”(《老子》第九章),认为只有保持淳朴自然才能长治久安。孟子则提醒人们不要自蹈死地,明明看到有危险而无动于衷,“知命者不立乎岩墙之下”(《孟子·尽心上》)。《管子》强调以人为本,“本治则国固,本乱则国危”(《管子·霸业》)。《盐铁论》则提倡“见利虑害”(《盐铁论·击之》),要人们将利害结合起来考虑。最后,关于国家的管理,居安思危方面的成果丰富多彩,而且作为后代学者或官员进谏的重要论据,也是古代臣子为皇帝做的专题咨询——经筵讲席的主要话题之一。当然,居安思危的意识在某些具体的领域也有集中的反映,如军事(如《孙子兵法》)等领域。

古代思想家洞察事物变化的规律,提醒世人要居安思危,要有忧患意识,这样才能头脑清楚,不致陶醉于一时的胜利,不致沉迷于短暂的欢乐,所谓“生于忧患,死于安乐”(《孟子·告子下》)。“先天下之忧而忧,后天下之乐而乐”(《岳阳楼记》)则体现了以天下为己任的博大胸怀和强烈的责任意识、使命感。中国传统文化和文明史之所以绵延不断,其中很重要的因素就是这种“居安思危”的观念,它孕育了人们深广的忧患意识和人生智慧,源远流长。

在现实生活中,中国古代的“居安思危”观念可以为现代人思考和处理问题提供重要参考,不仅有助于进一步激发人们的爱国热忱和社会责任感,而且可以不断增强防患未然的预察意识和能力,减少不必要的曲折和危险。对某些具体工作领域也会有直接启示,如行政管理、企业运营、个人奋斗等。虽然“居安思危”观念与历史事实有一定的联系,但又因其不乏超越性、普适性,所以对现实的社会人生依然具有持久的智力支持和警世育人功能。

本书包括八个部分:第一部分“见盛观衰”,叙说“居安思危”的渊源和涵义;第二部分“生于忧患”,主要强调“居安思危”的兴国修身意义;第三部分“天道有常”,从古代先哲对常道、有对、变易等规律的追求和论述揭示“居安思危”的哲学理论基础;第四部分“人道为本”,从重人、尚德、尊义的角度说明“居安思危”的人文本质;第五部分“防微杜渐”,侧重介绍迁就细微、欲望和名利的思想和行为是自取祸患的根本原因;第六部分“忧以天下”,指出“居安思危”付诸实施的具体表现主要是有积极主动的思想准备和忧民的责任感;第七部分“兴乱征验”,从对待百姓、人才和个人的角度扼要介绍是否具备“居安思危”意识的检验途径;第八部分“安术危道”,从制度措施和个人处事技巧方面简要列举了若干趋安避祸的有效方法,包括赏罚、崇法、慎言等。值得注意的是,这里的“居安思危”观念和忧患意识,交融有对国家安危、天下兴亡的忧虑,同时也有对自己个人处境和安身立命问题的思考,所以主要以管理智慧和人生哲学为主。

全书内容基本按照论题编排。每一部分的语录排列顺序则主要以典籍产生时间的早晚为经,以论题为纬加以组织,呈现出经纬交织的特点。

总之,“居安思危”在具体所指、理论基础、主要内容、价值意义等方面都有特定的内容,如果注意到中国思想文化史的深远传统,这些内容不仅可以得到比较清晰的历史阐释,同时也会给现代人提供广阔的反思和体悟领域。中国古代“居安思危”方面的内容极为丰富,是人类智慧和人文文化长河中又一朵璀璨的浪花。

陈战峰

2008年2月于西北大学中国思想文化研究所

目 录

见盛观衰

《书》[1]曰:“居安思危。”思则有备,有备无患。

(《左传·襄公十一年》)

【注释】

①《书》:杜预《集解》认为是“逸《书》”。

【今译】

《尚书》上说:“处在安定的位置,要考虑到可能出现的危险。”考虑了才会有防备,有防备才不会有祸患。

【时析】

春秋时期,有一次,宋、齐、晋、卫等十二国联合围攻郑国(国都在今天郑州新郑),郑国慌了,就向最大的晋国求和。晋国同意后,其余各国也就停止了进攻。郑国为了感谢晋国,给晋国送去了大批的礼物。晋悼公非常高兴,论功行赏,记大臣魏绛头功,将一部分获赠的礼物转赠魏绛。魏绛谢绝了赠礼,说:“国家昌盛应归功于您的才干和大家的努力,但愿您在享乐的时候还要想到国家大事。居安思危,思则有备,有备无患,切记切记!”在中国古代文化典籍中,特别是在儒家经典著作中,这句话出现的频率很高,也是“居安思危”一词比较早的出处。它告诫人们,在太平盛世和事业顺利的时候,不要骄傲,要思考潜伏的危险和祸患。有了警惕意识和防范措施,即使遇到意外,也会有相应的应对措施,不至于手忙脚乱。对于今天的人们,特别是暂时取得成功、身处顺境的人来说是有启发和教益的。

夫弗及而忧,与可忧而乐,与忧而弗害,皆取忧之道也,忧必及之。(《左传·昭公元年》)

【今译】

事物还没有出现却提前担忧,本是可忧的事却反而欣喜,忧愁不已但并没有什么祸害，这些都是招惹忧患的途径，(既然是招惹忧患的途径，)忧患一定会降临的。

【时析】

世间忧患的产生多种多样，原因各有不同。但是最终结果却是相同的，所以从对忧愁产生的途径和角度分析，或许有助于减少不必要的忧患，至少可以从心理等侧面提供一些参考。比如，有无忧而忧的，“弗及而忧”；忧乐错位的，该忧反乐等。以今天的眼光来看，忧患意识并不是神经质地时时处处坐卧不宁，内心难以平静，流于自惹烦恼；也不是盲目乐观自大，不辨忧乐的实质和分界，错失时机，造成现实的忧患。随着社会经济生活速度的加快，忧虑产生的机会可能会增多，但并非所有的忧虑都具有“居安思危”“以忧促乐”的性质，这是现代人不能忘记和漠视的。

子[1]曰：“危者，安其位者也。亡者，保其存者也。乱者，有其治者也。是故君子安而不忘危，存而不忘亡，治而不忘乱，是以身安而国家可保也。”

(《周易·系辞下》)

【注释】

① 子曰：“子”指孔子(约前 551–前 479)。

【今译】

孔子说：“身处危险的国君，曾经度过无忧无虑身安其位的生活。遭遇灭亡的国君，曾经保全过自己的家国。经历变乱的国君，也曾经安享太平安乐的过去。所以君子处在平安的境地而时刻提醒自己不忘危险，国家保存的时候要注意警惕灭亡的因子，安享太平不能忘记祸乱的滋生，这样自然身家性命安康，国家也就可以保全无虞了。”

【时析】

事物总是不断转换发展的，今昔之间，安危、存亡、治乱转移变化，不拘于时。如果明白了这个道理，人们处在顺遂的境地时，要保持一颗警惕戒惧的心，防止祸乱的产生。在事物一帆风顺的时候，要想到不顺的降临，时时提醒自己，检省自己，这样，祸患和危险自然可以减少。作为有一定历史修养的人，知古可以察今，由过去的事物发展所经历的兴衰更迭领悟自己处世的道理，从而安时处顺，规避不良事物和现象的发生，这应该是一种人生的智慧。

子墨子[①]言曰："古[②]者王公大人，情[③]欲得而恶失，欲安而恶危，故当攻战，而不可不非。"（《墨子·非攻中》）

【注释】

① 子墨子：指墨翟（前468—前376）。② 古：当为"今"字之误。③ 情：确实，的确。

【今译】

墨子说："现在的王公大人，如果确实想获得利益而憎恶损失，想安定而憎恶危险，所以对于攻战，是不可以不责难的。"

【时析】

这段文字侧面反映了欲安恶危是人们内心的正常反映。墨子具有反对战争的思想。他认为战争会危害国家，包括王公大人的利益和安定的社会环境，不利于生产和生活的持续进行。从这种观念分析，至少在墨子看来，"欲得而恶失，欲安而恶危"是人们的一种自然的正常的心理欲求。正是因为崇尚安定、厌恶危乱，才有历代不少帝王将相、仁人志士忧心忡忡，以天下为己任，努力探求和防止由安转危的措施和途径。即使在今天，"欲得而恶失，欲安而恶危"也是人们一种正常的、无可厚非的心理，它是"居安思危"的心理基础。

为之于未有，治之于未乱。（《老子》第六十四章）

【今译】

在事情还未出现的时候提前谋划，在国家还未出现混乱的时候提前治理。

【时析】

这句话强调防患于未然的道理。提前防治各种有可能发生的现象和问题，等到事情临头时，才不会忙乱无措。

有道之君，不贵其臣；贵之富之，备将代之。备危恐殆，急置太子，祸乃无从起。（《韩非子·

扬权》)

【今译】

懂得"道"的精髓的君主,不会过分依赖和迁就臣子;给他们高贵的地位和殷实的财富,防范甚至更换这些人。防备危险,警惕倾殆,早早地确立储君,祸患也就无从发生了。

【时析】

虽然《韩非子》中的《扬权》篇主要探讨了君主使用权术阴谋的技巧,但是渗透着居安思危的若干观念,尽管这种观念是以扭曲的形式传达出来的。在中国古代历史上,君臣的明争暗夺,宫廷的祸起萧墙,纷扰难安,形成了一些畸形的趋福避祸方式。其中折射的对"危""殆"可能性的态度,即"备""恐",依然值得深思。至少在防患问题上,不仅要有得力的措施加强物质基础,而且要在观念上提高人们的警惕性,这样或许可以赢得最后的胜利。只有全面地准备和运筹,才能及早防止危险的发生。

安危在是非,不在于强弱。存亡在虚实,不在于众寡。(《韩非子·安危》)

【今译】

平安和危险的关键在于行动的正确与否,而不在于力量的强大和弱小。保全和灭亡的关键在于力量的虚实分布,而不在多和寡。

【时析】

这些简明扼要的论述蕴含了一个深刻的道理,即安危存亡与是非强弱、虚实众寡的关系问题,可以澄清某些直至今天依然模糊的观念。如果仔细分析,韩非(约前 280–前 233)侧重的是事物的本质和真实结构,而不是事物的表面现象和简单数量,这是极为高明的看法。主张安危的变化并不在于国家的大小、力量的强弱,而在于做事是否有是非观念;存亡的秘诀也不在于表面的人力众少,而在于实质的虚实问题。如果单纯沉迷于表层的豪华奢靡,不顾及行为的准则、内在的虚实,大厦将倾也是难以扶持的。所以,用是非、虚实观照安危、存亡问题,抓住了问题的关键。历史教训(如唐代和宋代等)告诉我们,极盛极衰的原因就在于繁华的外表掩盖了实质的虚弱,强悍的力量迷失了是非的判断。对生活在现代社会的人们来说,无论个人还是社会,这

种惊醒也不是多余的痴人说梦。

百川异源而皆归于海；百家殊业而皆务于治。（《淮南子·氾论训》）

【今译】

成百上千的河流源头不同，但都奔向大海；诸子百家的学术各有特色，但都是为了使天下太平、社会进步。

【时析】

《淮南子》是汉代集先秦思想之大成的作品，它的特点在于调和、折中、综合，不过也反映了百家殊途同归的学术趋势，这里所选的语段就形象地谈论了百家学术殊道同归的道理。缤纷多彩的差异，也难以掩盖共同的行为取向和追求，如百川归海，目标之所以相同，是因为有客观的内在的原因，就是“势”，地势的落差使百川不得不归海。争论不已的学术，无论是注重仁义、效法自然、分辨刑名、擅长术势等等，都是对既定的社会现象分析的结果和应对的策略，所以，虽然各家各有自己的理想蓝图，总体上都在为促使真正实现文明、自然、自由、有序的社会服务。它使人们进一步坚信，尽管作为事物的内在发展动力，安危的矛盾运动推动了社会的变迁，但是人们思危的目的并不仅仅在于思危，而是通过思危求安，寻求更加持久的安宁。因此，变幻莫测的社会现象背后自有其内在的简易线索和共同理想。

原始察终，见盛观衰。（《史记·太史公自序》）

【今译】

探究事物的开始就可以审察事物的终结，看到兴盛的景象就能预见衰弱的情形。

【时析】

历史学包含人们对以往历史事实的记录和认识。人们把握历史，并不仅仅着眼于对以往的客观事实的回忆和追思，而是要努力把握历史的现实性，即过去的历史和目前的现实的联系。传统和现实不能截然割裂，历史也不是对事物开端、结果、兴盛、衰亡的简单记录和罗列，而是侧重把握其中内在的规律，从而使人能够触类旁通，举一反三。太史公司马迁（前 145－前 87？）追求实现“通古今之变”的撰述理想，沟通传统和现实的联系。始终、兴衰、安危这些类似的范畴都具有这样的特点，“原始察终”“见盛观衰”“居安思危”正是人们历史洞察能力的分明表现。

凡物之所以存，乃反[①]其形；功之所以尅[②]，乃反其名。夫存者不以存为存，以其不忘亡也；安者不以安为安，以其不忘危也。故保其存者亡，不忘亡者存；安其位者危，不忘危者安。善力举秋毫[③]，善听闻雷电，此道之与形反也。安者实安，而曰非安之所安；存者实存，而曰非存之所存；……夫欲定物之本者，则虽近而必自远以证其始。夫欲明物之所由者，则虽显而必自幽以叙其本。（《老子指略》）

【注释】

① 反：相反。② 尅（kě）：同“克”，成功。③ 秋毫：秋季禽鸟初生的羽毛，比喻纤细微琐的事物。

【今译】

事物保全自己性状的根本，往往和它的形式相反；功业能够成就的原因，往往和它的指称相反。那些存在的不因为自己现实的存在就认为存在，这是没有忘记灭亡的缘故；安定的也不因为自己现实的安定就认为安定，这是没有忘记危险的缘故。因此，固执于现实存在的就会灭亡，没有忘记灭亡的反而得以保存；以现有情形为安全的反而危险，没有忘记危险的反而拥有安全。最有力量的人也能举起常人能举起的秋毫，最好的听力也能听到常人可以听到的雷电，（表面似乎并无分别，）这就是道与外在的形式相反的例子。安定的事实上很安定，但并不以为是永久的安定；存在的事实上很完好，但并不以为是长久的完好；……把握事物的根本，即使对待直近的事物也要溯源追寻它的开端；洞察事物的发展由来，即使对待那些明显的事物也要从幽微处入手探查它的根本。

【时析】

这是魏晋时期著名的思想家、哲学家王弼（226－249）《老子指略》中的一段文字，集中阐明了事物本质和现象之间相反相成的特点，是对《老子》思想的进一步发展。王弼认为事物的本质往往和它的表面现象相反。这也是人们在安定的背景下不敢掉以轻心，能够预防潜在危险的根本原因。它启示人们，不能拘泥于事物的外表和现状，而是要善于从反面去把握事物的发展走向，防止祸患的发生。如果只是执守于事物的本身，反而不能保存事物自身，这也是对"居安思危"的简明阐发，具有丰富而深刻的哲学内涵。

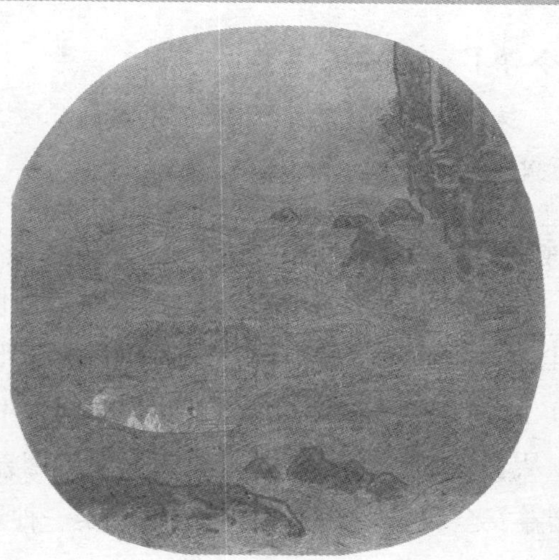
赤壁图

居安思危①，防险戒逸。（《李太白文集·大猎赋并序》）

【注释】

① 居安思危：缪本少"居"字。

【今译】

在安适太平的环境中不能忘记危险，防止困厄，警戒骄逸。

【时析】

安适顺遂的环境容易使人滋生骄傲，忘记危险。所以，在事业兴旺发达、人生如意顺心的时候，检省一下自己，预防危险的发生，警戒骄逸之心的潜滋暗长。安时处顺虽然能带给人生活的愉悦和自在，甚至能让人感受到生活生命的充实，但是如果缺乏对未来的设计，浑浑噩噩，不思进取，安享闲暇与舒适，意志消靡的同时也会伴随更多的人生困厄和危机。在古代，防检内心曾经被作为提高人们道德修养的手段，其意义就在于不断警醒自己，防止骄奢淫逸，从而彰显生命的社会价值。

君子居安思危，在盛虑衰，可无惧哉？（《艺文类聚·石榴》）

【今译】

君子在安逸的情况下就能考虑到危险，在鼎盛的时候就能考虑到衰落，难道没有惊惧吗?

【时析】

居安思危，由盛观衰，本身就暗藏着惊惧的意识。如果没有危机感，得过且过，思虑短浅，就很难有深沉的忧患意识和历史责任感。事物安危兴衰都有一定的内在规律，这个规律虽然总体上不能随着人的主观意志改变，但是顺从着规律，有意识地防止危乱和衰败因素的出现，毕竟可以在一定程度上增益安全和鼎盛的时间。这也同时是一种人生智慧。

思所以危则安矣，思所以乱则治矣，思所以亡则存矣。(《新唐书·魏征传》)

【今译】

能够考虑明白危险的原因就会变得安全了，能够考虑明白混乱的原因就会变得太平了，能够考虑明白灭亡的原因就会变得稳固了。

【时析】

安危、治乱、存亡本都是各自对立的范畴。既然相互之间存在着一种矛盾，那么通过对对立面的反思和省察即可以获得自己的生存发展之道，所以能够明白危、乱、亡的根本原因和形成途径，自然就可以明白怎样才能达到安全、太平、保存的道理了，积极借鉴和吸收教训，避免重蹈覆辙，就可以安然无恙、远离祸患。

治乱之道，古今一贯。(《稽古录》)

【今译】

天下太平、混乱的道理，古今是一致的。

【时析】

北宋史学家司马光(1019－1086)在《稽古录》中进一步强调了历史经验和教训具有超时空性的特点，揭示历史经验的时代价值与把握历史的方法。古人说:“古今人情一也。”并不是抹煞古今的差别，宣扬静止的、僵化的历史观，而是强调古今人情事理相通，所以今人才可以更好地理解和把握历史。如果否认了这个基点，古今便被阻隔开了，人们如何把握历史，如何保证所把握的历史是真实的、合乎情理的，同时又是可以理解和有效的。正是在这个意义上，“人同此心，心同此理”，虽然具体的历史情景和现实因素已大相径庭，而且已逝的情境也难以复原，但是在面对类似的境遇和问题时，人们的感受、思考问题的角度和解决的原则等却有内在的一致性，所以历史的经验和教训才具有现代的价值和意义。当然，古代也曾流行过治乱安危循环的历史观，仅从表面历史现象分析，无疑是片面的、静止的、机械的，把握历史的客观规律，不能忽略对历史现象进行历史地、具体地分析。总之，反思和参考古人有关“居安思危”方面的论述和智慧对现代人来说也是极为重要的。

看《左传》[1]须看一代之所以升降，一国之所以盛衰，一君之所以治乱，一人之所以变迁。能如此看，则所谓先立乎其大者，然后看一书之所以得失。（《重刻〈左氏传说〉序》）

【注释】

①《左传》：中国先秦时期著名的历史典籍，相传是春秋时期左丘明为《春秋》作的传记，具有历史和文学双重价值。

【今译】

阅读《左传》一定要注意时代升降的规律，国家兴衰的原因，君主治乱的根本，人生祸福的来由。如果能这样阅读，首先把握关键，在此基础上再评判一部著作优劣得失的来龙去脉。

【时析】

这是南宋著名史学家吕祖谦（1137—1181）介绍的读史方法和诀窍。把握既往的历史，不是追求某些零碎的影像和枝节，而是根据历史时势洞悉历史现象的原因与规律。时代更迭自有其渊源，国家兴衰自有其根由，君主明暗自有其反映，命运顺逆自有其规律，历史典籍形象地再现了这些丰富的内容。以《左传》为例，阅读历史文献的简要方法正是把握其中的规律和精神，时代风云变幻和人物命运兴衰是其中最主要的两个方面，而贯穿其中的安危变化更是重中之重。如果能够抓住这些关键问题，其他的细枝末节便就容易分析和把握，特别是根据以往的历史经验与教训，居安思危，防患未然，避免重蹈历史的覆辙。它给现代人的启示是，面对历史时，在内容上努力关注历史的内在规律，突出其与现实的联系；在方法上以简驭繁扼要把握历史的精神风貌，从而给现实人生以更多的助益。

览往代之治而快然，览往代之乱而愀然，知其有以致治而治，则称说其美；知其有以召乱而乱，则诟厉其恶。(《读通鉴论》)

【今译】

看到历史上兴盛的时期就感觉欣慰爽快，看到历史上荒乱的时期就心情郁闷惆怅，明晓之所以达到兴盛的道理，就不禁称赞它的妙处；了解招致祸乱的原因，就不由自主斥责它的丑恶。

【时析】

这是明末清初思想家王夫之(1619－1692)描写的面对历史上兴衰治乱局面时的心理感受，惟妙惟肖，同时突出了阅读历史典籍的生动性和趣味性。与历史上的人物共喜同悲，无疑可以丰富人的社会阅历，增益待人接物的经验，这种历史和现实的共鸣感，确定了历史事件及启示具有现实的指向性，也是现实人生之所以能够在既往历史中获得教益的根本原因。它使人感到历史不再是枯燥繁琐事件的堆砌和积累，而是能激发读者丰富心绪的文化载体。所以，历史上兴亡治乱蕴含的深刻哲理，可以给现实人生以震撼和哲思。

不乱离，不知太平之难；不疾痛，不知无病之福；故君子于安思危，于治忧乱。(《默觚·学篇》)

【今译】

没有经受过荒乱背离的惨状，不知道太平安宁得来的艰难；没有遭受病痛的折磨，不知道无病的幸福舒畅；因此君子在安宁的时候会考虑到潜藏的危机，在太平的时候会忧虑到荒乱的境况。

【时析】

事物往往都是这样，没有对比，就难以有更清楚明确的认识和强烈鲜明的感受。俗话说："身在福中不知福。"可见单纯在福中感受福是难以完全体味到福的意义和价值的，这需要对立面的参照，感觉才会更深入。古代大多开国国君深知创业的艰难和不易，不断警醒和严格要求自己，告诫自己要居安思危，以免重蹈覆辙，因为亲身经历的缘故。后来者如果安享太平，对忧患不能感同身受，就容易滋生骄傲和颓靡，最终导致祸患的产生。因此，“于安思危，于治忧乱”就不仅仅是一种历史经验，而且也是一种管理智慧。

生于忧患

天将降大任于是人也，必先苦其心志，劳其筋骨，饿其体肤，空乏其身，行拂乱其所为，所以动心忍性[①]，曾[②]益其所不能。人恒过，然后能改；困于心，衡[③]于虑，而后作；征于色，发于声，而后喻。入则无法家拂士，出则无敌国外患者，国恒亡。然后知生于忧患，而死于安乐也。（《孟子·告子下》）

【注释】

①忍性：坚韧其性，使心性坚韧。②曾：同“增”，增益，增加。③衡：通“横”，梗塞，不顺利。

【今译】

上天将要把重大的任务降落到某人身上，一定先要考验他的心志，烦劳他的筋骨，饥饿他的肠胃，穷困他的身子，他的每一行为总是不能如意，这样，便可以震动他的心意，坚韧他的性情，增加他的才能。人经常犯错误，然后才能改正；内心困苦，思虑阻塞，然后才能有所作为；这一切表现到脸色上，抒发到言语中，然后才被人了解。在一个国内如果没有坚持法度的良臣和辅佐君主的贤士，在国外如果没有敌对的国家和外患，便经常会导致灭亡。这就可以说明，忧患、困苦的环境能使人常存进取之心，安逸、享乐的生活却容易使人沉沦不振。

【时析】

“生于忧患，死于安乐”是人们熟悉的一句名言，其中的生死并不仅指生命的获得与丧失，而是含有更加广泛的意义。丰富的历史掌故和日常生活经验或许给了我们这样的信念，严峻的环境在某种意义上可以催生出奋进的勇气，面对困难，毫不气馁，最终可以确立人们生活和事业发展的坚实基础；安逸享乐却常常成为消磨人们意志的负累，贪图舒适，不思进取，本有的良好基础也会成为人生的困扰。当然，这种忧患与安乐不同结果的转变完全取决于主体的认知和态度，如果在安乐中能够居安思危，警惕和防止不利的因素，那么，就可以更多地避免人生的挫折和困厄；如果在忧患中一蹶不振，看不到美好的希望，那么，情形可能正好相反。所以，忧患与安乐虽然未必直接与“生”“死”有必然的因果联系，也不是“生”“死”唯一的决定性的条件，但是，大量历史和现实教训却提醒人们注意这个客观事实。在孟子（约前372－约前289）看来，一个人的责任感和能力的全面提高，不仅仅表现在具有较强的办事能力和丰富的处世经验上，还要不断地加强人的心志、毅力、精神、性情和体魄等综合素质的提高，这种见识是难能可贵的。在困苦的环境下，可以进一步使人的心胸更加开阔，意志更加坚强，体魄更加强健，才能更加突出，经验更加丰富，经历这种考验和历练后，人就具有了应对事物的全面的综合素养。而安逸的环境却很难能使人受到这样的训练。如何正确面对逆境，孟子给现代人提出了一种可行的可以理解的方案。

孟子曰：“人之有德慧术知[1]者，恒存乎疢疾[2]。独孤臣[3]孽子[4]，其操心也危，其虑患也深，故达[5]。”

（《孟子·尽心上》）

【注释】

①德慧术知：指德行、智慧、道术、才智。②疢（chěn）疾：即灾患。③孤臣：远臣。④孽子：庶子。⑤达：通达事理，即具备德慧术知。

【今译】

孟子说：“人们有德行、智慧、道术、才智的原因，所以经常存有灾患。只有那些关系疏远的孤立之臣、地位卑贱的庶孽之子，他们时常反思很细微，考虑祸患很深远，所以才会通达事理。”

【时析】

孟子对忧患意识的积极作用有深刻的认识。所选语言片断从人的德行才智等细微角度反思忧患对人成长的砥砺作用。地位低下、关系疏远、亲情淡漠、力量孤微，这些不利因素恰恰使人不能掉以轻心，促使人更加谨慎和努力，而且不断地反思自己和周围的事物，正是这种恶劣的环境锻炼，成就了人们向上的勇气和信念，在某种意义上说，它成就了有才德的人。这是对“生于忧患”的展开，在今天依然可以得到进一步的佐证。

上用目则下饰观，上用耳则下饰声，上用虑则下繁辞。（《韩非子·有度》）

【今译】

上级如果通过眼睛考察，那么下级就会尽力装饰视觉的效果；上级如果通过耳朵考察，那么下级就会着力装饰听觉的效果；上级如果通过智虑考察，那么下级就会去繁冗言辞、修饰文字。

【时析】

俗话说：“道高一尺，魔高一丈。”如果上有政策，下有对策，那么考察就达不到相应的目的。《韩非子》深刻地指出了这种微妙的上下级关系。如果上级有所喜好，或者有既定的考察方式，下级就会相应地做出周密的带有装饰性的安排，正因为这样，带有装饰性、繁冗性、针对性的措施，往往目的在于美化现状，顺应考察的要求，也就是说，了解真实情况的真正的考察目的并不能达到。如果基本的上下级的诚信都做不到，危险和祸患就会潜藏下来。所以，韩非强调这三种侧重感官与智虑的考察方式有许多不足，他已经在不断反思了。其中所蕴含的管理思想和方法，也有不少值得现代人借鉴和反思。

鄙谚曰：“前事不忘，后事之师也。”是以君子为国，观之上古，验之当世，参之人事，察盛衰之理，审权势之宜，去就有序，变化应时，故旷日持久而社稷安矣。（《过秦论》）

【今译】

民间谚语说：“已做的事情其经验教训不忘记，足可以作为未来做事的借鉴。”所以君子治理国家，观照上古的史实，与现实核验，与人事参证，揣摩历史盛衰变化的道理，审度历史权变与发展趋势的特点，舍弃和选择井然有序，变化措施也能与时代合拍，因而可以长期持续发展，国家也会安全无虞。

【时析】

历史经验和教训是宝贵的。但是历史毕竟是历史，如果拘泥于历史经验，不知权变，如刻舟求剑所描述的那样，呆板机械，最终也难以逃出复古主义与虚无主义的怪圈。历史经验之所以宝贵,只是给人提供了有价值的思考问题的角度、处理事情的原则、解决问题的方法启示等,最终历史的经验要落实到现实中去,并在现实中发挥作用,所以应该调查和研究现实的具体问题,这样才能做到历史与现实的有机统一。重视现实的检验与核证,审时度势,注重权变,对历史经验有取舍改造,能够与时俱进,汲取历史经验的丰富智慧,反省和矫正自己,才能切实保证人生与事业的顺利开展与兴旺发达。

知虑[①]者,祸福之门户[②]也;动静者,利害之枢机[③]也。百事之变化,国家之治乱,待而后成。是故不溺于难者成,是故不可不慎也。天下有三危:少德而多宠,一危也;才下而位高,二危也;身无大功而受厚禄,三危也。故物或损之而益,或益之而损。(《淮南子·人间训》)

【注释】

①知虑:"知"同"智"。"知虑"即"智虑",聪慧。②门户:门径,途经。③枢机:事物发展转变的关键。

【今译】

人们的聪明才智,是招致祸福的途径;行为的动静,则是利害转变的关键。世间事物的变化,国家的治乱,就是在这些智虑动静中逐步形成的。因此不沉溺在危难中的人能够获得成功,所以人们不能不谨慎。天下有三种危险:第一种危险,德行缺乏却受到宠爱;第二种危险,才能驽钝却身居高位;第三种危险,没有立下卓著的功劳却享受优厚的待遇。总之,事物有时减损它却反而在成就它,有时增益它却反而在伤害它。

【时析】

祸福利害问题,是古今人们共同关心的问题,往往见仁见智。但是事情的发展变化和人自身有不可分割的联系,因此,主体的聪明智虑与行为动静具有重要的影响,它是人们不能不谨慎的方面。知晓处境的安危,则是首先需要谨慎反思的问题。《淮南子》提出的三种危险处境共同的本质就是名实不符,因此没有德行、才能、贡献作基础的荣誉、名利、地位是短暂的、不稳固的。值得注意的是,这里进一步概括的损益的辩证关系,尤其值得深思。人为地拔高和奖掖，反而是对对象的摧残；谦虚地退让和损减，反而往往能收到欲擒故纵、以退为进的效果。在现实生活中，所谓的“三危”问题依然有启发，否则人生容易遭受挫折，而解决该问题的损益思路也不无借鉴价值。

夫养生[①]者先须虑祸，全身保性，有此生然后养之，勿徒养其无生[②]也。（《颜氏家训·养生》）

【注释】

①养生：保养身心，强健延年。②无生：不生存在世上。

【今译】

善于保养身心的人首先应该有忧患意识，考虑祸患降临，保全身心性命，有了性命之后再去保养它，不要白白地保养那不存在的生命。

【时析】

养生也有忧患问题。如果不注意保养的关键和方法，可能会竹篮打水。保养的重点和目标应该就是人的生命自身。连生命都保守不住，养生就会落空。毕竟养生是在生命的基础上进行的。保养生命的健康，远离祸患，虑祸也是养生中的重要问题。

夫生不可不惜，不可苟惜。涉险畏之途，干祸难之事，贪欲以伤生，谗慝而致死，此君子之所惜哉；行诚孝[①]而见贼[②]，履仁义而得罪，丧身以全家，泯躯而济国，君子不咎也。（《颜氏家训·养生》）

【注释】

①诚孝：“诚”即“忠”，避隋讳改。“诚孝”即“忠孝”。②贼：伤害，杀害。

【今译】

人的生命不可不爱惜，但也不可无原则地吝惜。踏上那危险可怕的道路，做下那招灾惹祸的事情，贪图肉欲而伤害身体，遭受谗言而枉送性命，君子是有所爱惜的；奉行忠孝却被杀害，实践仁义反而遭罪，舍弃自身保全家人，牺牲自己拯救国家，那么，君子是不会抱怨的。

【时析】

人们对待生死的观点的确很微妙,有时可以英勇赴义,有时却收敛养生。实际上,这两个方面并不矛盾。正如这里所强调的,爱惜生命本来是无可厚非的,但这种爱惜却并不是无原则的,也不是绝对的。无意义的牺牲,还不如养生健身,远离祸患和危险,保全身体和性命。但如果是为正义的原则和事业奋斗努力,君子是毫无怨言的,因为这正是人生意义体现的过程。

有善始者实繁,能克终者盖寡,岂取之易而守之难乎?昔取之而有余,今守之而不足,何也?夫在殷忧[①],必竭诚以待下;既得志,则纵情以傲物。竭诚则胡越[②]为一体,傲物则骨肉为行路。虽董[③]之以严刑,振之以威怒,终苟免而不怀仁,貌恭而不心服。怨不在大,可畏惟人,载舟覆舟,所宜深慎,奔车朽索,其可忽乎!(《贞观政要·君道》)

【注释】

①殷忧:深沉的忧患。②胡越:本借指北方和南方,在此指毫无关系的事物。与有血缘联系的“骨肉”相对。③董:正,清理。

【今译】

能够开启一个良好开端的人实际上很多,能够坚持到底的却比较少,难道是创业艰难、守业容易吗?过去创业时感觉精力绰绰有余,现在守业的时候却有些力不从心,到底是什么原因呢?原来在面临深沉忧患的时候,上级一定会竭尽诚心对待下属;但是理想实现以后,就会放纵自己的欲望,不再顾惜他人。竭尽诚心,即使是南北悬隔的胡越也会形成为一个紧密的整体;傲视事物,即使亲兄弟也会反目成仇、形如路人。即使用严刑来整顿,用威怒来振奋,人们尽管勉强免除了牢狱之灾但是并不会心怀感激,表面上恭敬自如而内心并不心悦诚服。百姓的怨愤并不一定要发展到不可收拾的地步,值得敬畏的只有百姓。水能乘载舟,也能覆灭舟,这是应该格外谨慎的。如同正在奔跑的骏马,却配着衰朽的缰索,难道可以忽略吗?

【时析】

“靡不有初,鲜克有终”,事物都有各自的开端,但是却很难有坚持到底的。取守、治乱等就是这样。古代有些国君与臣子能共苦但不能共乐,在困难的

唐太宗

时候,上下齐心协力,同仇敌忾,就容易做出一番事业来;而在顺利的时候,则反而产生猜忌心理,相互之间有了隔阂,甚至磨刀相向。唐太宗李世民(599—649)注意到单纯采用法家的严刑峻法不能解决根本的问题,他继承了荀子(约前313—前238)"载舟覆舟"的理论,对百姓的双向作用有充分的认识,认为应该敬畏民力,所以也强调要审慎自己的言行。特别是他提到在国家或事业不断发展壮大的时候,反省这个问题尤显重要,否则就像用腐朽的缰绳驾驭奔跑的骏马,结果可想而知。这也是一种深沉的居安思危意识。在现代人看来,重视人力资源的重要性,综合调动员工的积极性,不仅仅需要运用硬性的规章制度,而且更需要辅佐以上下的团结和认同,才能有助于推进事业不断兴旺发达。

自古失国之主,皆为居安忘危,处理[1]忘乱,所以不能长久。(《贞观政要·政体》)

【注释】

①理:即"治",与"乱"相对。

【今译】

自古凡是亡国的君主,都是在安全的时候忘记了危险,太平的时候忘记了混乱,所以不能持续很久的时间。

【时析】

这是贞观六年魏征(580—643)回答唐太宗关于如何治理国家问题时的观点。它简明扼要地揭示了一条宝贵的历史经验,即"安不忘危,理不忘乱",居安思危,处理思乱,只有具备一定的警惕性和忧患意识,才能保证事业的持续发展和长久兴旺。它也是"居安思危"历史价值和现实意义的反映和表现。

夫鉴形之美恶，必就于止水；鉴国之安危，必取于亡国。(《贞观政要·论刑法》)

【今译】

鉴别形貌的美丑,一定要找静止的水镜;鉴别国家的安危,一定要选取亡国的例子。

【时析】

这是贞观十一年魏征在给唐太宗上的奏折里提到的观点,目的是阐述历史的借鉴意义与现实价值。在动荡不已的水面，很难看到真实生动的容貌;仅就现实来观察,没有历史参照,也很难做出准确的判断和举措。水镜就在于微波不兴,面容美丑自然分明;亡国的教训,也是后世借鉴的宝贵历史资源,是避免重蹈覆辙的必备条件。对于现代人来说,在平心静气下反省和分析问题,才有可能做出准确的判断。在借鉴他人经验的时候,不能忘记已有的失败教训也是一笔价值不菲的财富,巧妙地发挥它们的警示作用,有助于推进事业顺利开展。

若能思其所以危，则安矣；思其所以乱，则治矣；思其所以亡，则存矣。知存亡之所在，节嗜欲以从人，省游畋①之娱，息靡丽之作，罢不急之务，慎偏听之怒。近忠厚②，远便佞③，杜悦耳之邪说，甘苦口之忠言。去易进之人，贱难得之货，……顺百姓之心。(《贞观政要·论刑法》)

【注释】

① 游畋:游玩与打猎。② 忠厚:指具有忠厚美德的君子。③ 便佞:指拍马奉迎、见风使舵的小人。

【今译】

如果能够反思历史上的王朝和人物兴亡的原因,就会更加安全了;能够反思它们混乱的原因,就会逐渐达到太平的境界;能够反思它们灭亡的原因,就可以保全了。知晓存亡的关键,克制自己的嗜欲以满足百姓的愿望,减省游玩与畋猎的娱乐活动,停止华丽不实的作为,取消不是当务之急的事情,谨慎因偏听而产生的恼怒。亲近忠厚的臣子，疏远奸佞的小人，杜绝美妙动听的邪说，欣赏苦口逆耳的忠言。去掉那些投机钻营的人，鄙视那些难以得到的宝物，……使自己的一举一动合乎百姓的心愿。

【时析】

历史是一面永不磨损的镜子，只要人们愿意拂拭镜面的历史尘埃，总能或多或少地照出自己的面影。历史是现实的参照，反思已逝的兴亡更替，通晓历史变迁的内在原因，对现实自然有积极的参考价值。特别是欲望，既是促进社会发展的动力因素之一，同时过度的非分的欲望也是导致自己身败名裂、国破家亡的罪魁祸首，所以，克制和减省不良的愿望，严格要求自己，重视百姓的疾苦，聆听百姓的心声，就可以上下齐心协力，减少祸患的发生。重视民心向背，反思自己的作为，借鉴历史教训，是趋吉避凶的重要办法。

居安思危，用①备不虞②。（《毗陵集·谏表》）

【注释】

①用：因此，因而。②虞：预料。

【今译】

居于安全的环境即考虑到危险的存在，因而可以有效地防备不测。

【时析】

这是强调“居安思危”的目的和功能，就是为了防备不测。有备无患，只有进行了充分的准备，才有可能抵御意料不到的危险。如果沾沾自喜，对潜藏的危险视而不见、麻痹大意，一旦突降意外，仓猝之间将难以应对。因此，在整体上，增强人们的居安思危意识，无论是对集体还是个人都具有积极意义。特别是在竞争日趋激烈的现代社会，加强居安思危观念，有助于进一步激励人们竞争的意志和精神。

众人皆能写人之形，而不能写己之形；皆能求人之恶，而不能求己之恶；皆能知人之祸，而不能知己之祸。（《化书·凤鸱》）

【今译】

一般的人都能状写他人的形体，而不能状写自己的形体；都能寻求他人的缺陷，而不能反省自己的不足；都能预知他人的祸患，而不能预知自己的祸患。

【时析】

人在待人接物的时候，的确存在着这种现象，察人甚清，胜于察己。对大多数人来说，能够理智冷静地旁观他人，所以对方的举手投足、音容笑貌便会历历在目，形诸笔端也会栩栩如生。对别人的缺点会一目了然，面临的危险也会有所预知和预感。但是放在自己身上，因为受自己所蔽，不能用冷静客观的态度面对，因而难以准确地表现自己，也不容易把握自己的缺点和不足。所以，人们说："知人易，知己难。"要把握自己是很难了。因此，应不断增强反省的理智态度和方法。

忧劳可以兴国，逸豫可以亡身。（《新五代史·伶官传》）

【今译】

忧愁劳苦、兢兢业业，一个国家也可因而振兴；安逸享受、无所事事，即使自身也难以保全。

【时析】

北宋著名史学家和文学家欧阳修（1007–1072）为《新五代史》中的《伶官传》作序，他联系五代史上的兴衰治乱，得出了深刻的历史教训，即个人的忧劳与逸豫关系很重大，前者即使像治理国家这样复杂重大的事情也能办好，后者则连微弱的自身性命也难以保全。尽管人们按照自然的需求，趋利避凶，好逸恶劳，有一定的合理性和自发性，但是一旦习惯成形，就很难改易，人们也会在既定的习惯中谱写自己的人生乐章。忧劳引发的警惕谨敬，可以杜绝多种因麻痹大意蕴藏的祸端，而逸豫却潜伏着对问题视而不见的危机。所以，历史上的各种事件虽犹过眼烟云，其中也有不可假设的客观必然因素，但是人的主体作用如何发挥，在历史变迁中究竟也是不能忽视的方面，因此，主体的劳逸也是不同命运的分界点之一了。

天道有常

惟命不于常。(《尚书·周书·康诰》)

【今译】

只有天命是没有恒常的。

【时析】

王权神授的天命观不是恒常的,没有常规和常道可言,这对人世是一种警醒。《诗经·大雅·文王》也说"天命靡常",靡常就是不常,不是恒常的、静止的、绝对的。一味地沉湎在太平盛世中,不能及时发现身边的危机和自身的缺点,就容易走向历史的反面。古人在说天命不常的时候,更多提醒人们加强德行,修养道德,天命总是钟情于那些有德行的人。如果骄傲自满,道德沦丧,天命会发生转移,有德者就会得到人们的拥护。在这种基本认识的影响下,历代帝王程度不同地注意到德行与统治的关系,它同时也是"居安思危"的思想理论基础。它以天命论的形式揭示了人类历史发展的动态规律,克服关于规律的静止的绝对的认识,对现代人来说则具有很强的借鉴意义和警示价值。

周任①有言曰:"为国家者,见恶如农夫之务去草焉,芟夷②蕴崇③之,绝其本根,勿使能殖,则善者信④矣。"(《左传·隐公六年》)

【注释】

①周任:周代的大夫。②芟夷:清除,刈杀。③蕴崇:聚积。④信(shēn):伸张,伸长。

【今译】

周代的大臣周任有句话:"治理国家的人,见到邪恶的事情就像农夫见到杂草一样,一定要将它清理掉,剪除堆积,断绝根源,让它不能繁殖,这样美好

的事物才能伸张滋生。”

【时析】

这里阐述了“除恶扬善”的道理。善和恶相对,减一分恶,则长一分善。如果丑恶的事情不能及时得到制止,善良美好的事情反受压抑,不能成长壮大,局势就岌岌可危。古人所说“坏人当道”,真正贤良的人就会远灾避祸,品德低下者呼朋引伴,如一畦庄稼,杂草丛生,喧宾夺主,禾苗反而无容身之地,庄稼不能成其为庄稼,人们的辛苦操劳也会白费。此外,这里涉及对待恶不能姑息迁就,而是当机立断,彻底断绝根源,防止反复,在今天也是振聋发聩的观点。

社稷无常奉,君臣无常位,自古以然。(《左传·昭公三十二年》)

【今译】

国家的统治者并不是一成不变的,君主和臣子的地位也不是永恒的,自古以来都是这样。

【时析】

这是春秋时期著名史学家、思想家史墨的名言,后来往往成为托古改制的依据。它的关键在于“无常奉”“无常位”,如果注意到事物变化的复杂性,不拘泥于刻板的既定现实,那么,人们就要反思自己的处境和前途了。比如对现代的经济管理者来说,要做常胜将军恐怕是一种美好的理想,商场中的竞争异常激烈,胜败互易其主是一种常态,也是竞争的生动写照。这种“不常”既给人以居安思危的惊惧感,同时也鼓励了暂时受挫的人,使他们看到成功的希望;当然,也警示那些已经获得成功的人,使他们不忘失败的危机。虽然君臣的观念已经过时,但是事物纷繁变化的内在规律同样可以给现代人以深刻的启迪。

子曰:“……亡而为有,虚而为盈,约而为泰,难乎有恒[1]矣。”(《论语·述而》)

【注释】

① 恒:有“常”“久”的意思。

【今译】

孔子说："……(事物往往)由无而变为有，由空虚而变为充盈，由俭约而变为奢泰，要维持恒常不变很困难啊。"

【时析】

古人认为人要不断提高修养，成就君子人格，先要有"常心"或者"恒心"，这样就不会为外界环境所利诱，德行操守和才能本领才能逐步养成，所以，"恒"是学者的"始基"，是基础。但是，要做到"有恒心"是很难的。孔子注意到了世间事物的变化，他曾慨叹水流不停，奔逝不已，要维持恒久、保持品行是很难的。所以，他说见不到"善人"，但见到有"恒心"的人就足够了。因为只要具备了恒心便有可能成长为君子。做人要体悟常心，坚守德行，需要付出额外的意志努力，要面对外界的困难和压力；治国，由俭变奢，不能维持勤俭的常道，导致国力衰弱，难道不值得个人和管理者思索和反省吗？

有无相生，难易相成，长短相形，高下相盈，音声相和，前后相随，恒也。(《老子》第二章)

【今译】

有和无相互生成，难和易相互完成，长和短相互形成，高和下相互包含，音和声相互调和，前和后相互随顺，这是永远不变的。

【时析】

这里反映了"常道"或"恒道"的表现方式。事物都是相反相成、对立统一的。人们所认识的事物正是两个对立面的统一，所以，当看到有的时候，自然要看到无，因为它们相辅相成，不可分离；看到前的时候，自然要想到后，因为它们是相继出现的，难以断裂。中国古代哲人对待祸福、安危思想的哲学出发点和这种对事物矛盾对立和相互转化规律的认识紧密联系，是"居安而思危"的思想理论基础。

曲则全，枉则直，窪则盈，敝则新，少则得，多则惑。(《老子》第二十二章)

【今译】

委曲反而能保全，屈就反而能伸展，低洼反而能充盈，破旧反而能生新，寡少反而能取得，贪多反而生迷惑。

【时析】

《老子》的思想很睿智，常常教导人们要注意事物两个极端的彼此联系，以相互转化的眼光去看待它们，不固执于某一端。一般地，人们喜好求全责备，争高争大，反而往往适得其反。老子教导人们在那些和理想相对的表面现象背后去寻找实际潜藏着的正面内涵和因素，如水流一样，高处反而不易积聚，低洼的地带则容易汇聚成渊。相反，如果执著于正面，也可能导致负面因素的出现。事物自身的发展是相因相成、对立转化的。治理国家，处理人生问题，也是这样，一味地追求平安却很难达到，不如多发现些问题，及时补救处理，这样，平安才真正能够实现。所以，《老子》第二十九章说："圣人去甚，去奢，去泰。"因为极端的、奢侈的、过度的行为和措施往往容易导向反面，恰恰与自己的目的相悖。古代的忠臣诤谏国君要居安思危，戒除骄奢淫逸，道理就在这里。

物壮则老，是谓不道[1]，不道早已。（《老子》第三十章）

【注释】

①不道：不合乎生长的具体的"道"。按："不道"并非"不合于'道'"；"物壮则老"并不是不合乎"道"，反而正是"道"本身的体现，如果说不合乎"道"，也是不合乎生长的具体的"道"。

【今译】

事物发展到极盛则会趋于衰败，这是因为它已经不合于生长壮大的道理，不合乎生长壮大的道理自然会早早败亡消逝。

【时析】

事物的发展规律，《老子》揭示了两个紧密相连的方面：一是事物不断向相反的方面转变，物极必反，所以人们要戒奢戒泰，要"不争"；一是事物相反但又相成，处于一个整体系统中，是紧密关联的，这种"反"的规律循环不已，周而不殆，没有穷尽。简要地说就是"反者'道'之动"（《老子》第四十章）。事物自身含有矛盾的对立面，矛盾的相互作用和转化促成了事物的发生发展，具有对立性质的不同事物也会形成相互辅佐、彼此促进的趋势，共同构成丰

富多样的世界。"物壮则老"形象地表达了《老子》关于"道"的运行规律的思想。个人和国家，也离不开这个规律的支配，虽然有些必然的客观规律难以受主观意志的左右，但是人为的"合乎道"的努力，则会构成促进事物发展的合力，促进"反"达到更高的水平和境界。居安而知危险，就会主动远离祸患，积极采取措施，纠正错误和过失，使事物发展进入一个新的循环流程，从而暂时摆脱"物壮则老"的局面。

贵以贱为本，高以下为基。(《老子》第三十九章)

【今译】

高贵以卑贱为根本，崇高以低下为基础。

【时析】

这虽是对日常生活现象的洞察，但却是睿智的洞察。建设房屋，不能不从低处着手，地基才是栋梁的基础，没有这些看似卑微的事物和作为，则很难奢望有大的发展。《老子》提出处弱守雌，自甘居下，谦忍不争，并不是不思进取，而是通过这种表面暂时处于理想的对立面的现象，在道"反"的规律的作用下实现自己的理想。老子将贵贱、高下等对立的方面联系起来，号召人们在具体实践中注意"贱"和"下"的重要性，是十分高明的。从这个角度分析，与"安"相对，"危"也是相互转化的，人们自然可以得出"安以危为本""安以危为基"的认识和结论。这也是为什么要"居安""思危"的原因。各级管理者，要了解下属的心声，关心他们的生活和工作，以其为本，工作则会有声有色地展开。

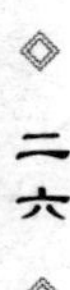

祸兮，福之所倚；福兮，祸之所伏。(《老子》第五十八章)

【今译】

灾祸，福顺正依傍着它；福顺，灾祸却在其中潜藏。

【时析】

《老子》一书含有朴素的辩证法思想，认为世间的一切事物都处在相互对立中，它们反复交替，不断变化。祸和福就是相对且相因的，虽然对立，但却并不分割，而是联系在一起。福中含藏着祸的种子，祸中不乏福的根苗。在日常生活中，往往说“舍得”，“有舍始有得”。塞翁失马的故事，更形象地传达出了祸福转变的规律。了解了这种事物发展变化的规律，人们便会逐渐形成通过现象把握本质的思维习惯，不致在困境中一蹶不振，看不到希望；也不致在顺境中骄傲自大，盲目乐观。只有这样，人生才会摆脱不必要的悲剧和灾难。

天之道，损有余而补不足。人之道，则不然，损不足以奉有余。（《老子》第七十七章）

【今译】

自然的规律，减少有余的而弥补不足的。人类社会的规则，却不是这样，剥夺不足的人而去奉养那些有余的人。

【时析】

这里，《老子》将自然的规律“天之道”与社会的规则“人之道”作了对比，指出前者遵守自然的规律，注重均平调和，万物才会和谐相处；后者率意妄为，违背自然规律，加速了矛盾的对立和激化，人类社会便充满了不公和掠夺。遵守规律，万物滋生滋长，和谐共存，相因相生；违背规律，便会危机四伏，朝不保夕，所谓“不道早已”。老子主张道法自然，人道取法天道，减少苛征暴敛，消除人为的矛盾，这样就可以减少和推迟人生和社会的危机。

乱生于治，怯生于勇，弱生于强。治乱，数也。勇怯，势也。强弱，形也。（《孙子兵法·兵势》）

【今译】

严整可转为混乱，勇敢可转为怯懦，强大可转为弱小。严整混乱，取决于事物转变的规律。勇敢怯懦，取决于形势的优劣。强大弱小，取决于兵力的对比。

【时析】

运用转化的观点分析军事形势，不会盲目乐观，而是以警惕认真的心态应对纷繁的事物变化，并迅速作出决断。战场上军情瞬息万变，需要统帅冷静分析。商场如战场，其中也存在安危、强弱等的转变问题，所以这段作战智慧也不缺乏借鉴的价值。

君子之求诸己也深。不求诸其本而攻诸其末，弗得矣。（《教（成之闻之）》）

【今译】

君子往往在推求于己上会花费很大的工夫。不探求事物的根本，而去处理细枝末节，这样是很难得到（解决问题的根本办法）的。

【时析】

郭店楚简《教（成之闻之）》从另一个侧面印证了儒家解决问题的一种思路，即反躬而求，遇事多从自己身上考虑，在反省中不断告诫和提醒自己，这样就自然减少了因麻痹大意等因素引起的祸端。这种办法也叫“致本”，“本立而道生”。古代社会，特别是宋明时期，不少大臣建议国君要“正心”，“心正则天下正”，就是这个道理。当然，仅仅有了正心是不是就一定能获得成功呢？那也未必。但是，心正，多些反省意识，在当代也是很有裨益的。它告诫人们，不少问题可能来源于人们的内心，一种策略和措施的制定，表面看似乎是一系列的外在的规则和办法，但归根究底仍是人们思想、心灵的折射，所以，克服问题，以简御繁，回归内心，反省自身，也许不失为一种简约的途径。在古代，居安思危的哲理不少是从这个角度出发的，目的是使统治者加强内省功夫，防患未然。

上下异道即治，同道即乱。（《文子·微明》）

【今译】

上下各尽其宜，和谐相处，可以达到太平的局面；如果奉行同一模式，不能相互补充，就会导致混乱的状况。

【时析】

“异道即治，同道即乱”讨论的实际上是“和而不同”的道理。“和而不同”早在春秋时期已经比较流行了。在现实生活中，如何进一步调动大家的积极性，增强人们的主人翁意识和社会责任感，应该鼓励在研究讨论时发表不同的意见和声音，这些相互辩驳、互相补充、共同协作的办事方式，可以汇聚不同的意见和建议，有助于准确分析和确定实施方案，这就是“和”。如果有不足和问题也会及时发现，自然不会出现混乱的状况了。如果只是一种看法，提不出或不愿提不同的特别是相左的意见,在单一性的基础上就容易影响对事物的准确分析和判断,这就是“同”,这样反而容易拖延和掩盖问题。这种“异道”与“同道”的理论在现代企业与教育等管理中,也是有启发的,简单地说就是鼓励争鸣、减少祸害。

欲刚者必以柔守之,欲强者必以弱保之,积柔即刚,积弱即强,观其所积,以知存亡。(《文子·道原》)

【今译】

想要刚的必须用柔去坚守它,想要强的必须用弱去保护它,积累的柔就是刚,积累的弱就是强,观其所积累的程度,就可以知道存亡变化的道理了。

【时析】

《文子》受《老子》的影响很大,但并没有拘泥于老子的思想。这里,除过进一步阐发了老子“柔弱胜刚强”的道理之外,还进一步强调柔弱具有可积累的性质及意义。其中蕴含着《周易》和荀子的某些思想。事物发展到极点会向对立面转化,如《易经》中每卦的六爻运行,本身就是一个积柔积弱或积刚积强的变化过程。所以,由事物积累的性质和程度可以推断出事物存亡变化的规律。在现实生活中,明白了这种道理,在遭遇挫折时自然不会灰心丧气,在暂时获得成功时也不会骄傲自大。

誉见①即毁随之,善见即恶从之。利为害始,福为祸先。不求利即无害,不求福即无祸。身以全为常,富贵其寄也。(《文子·符言》)

【注释】

① 见:通“现”,出现,显现。

【今译】

名誉一出现损毁跟着就来,善一出现恶便跟着而来。利是害的开始,福是祸的先兆。不探求利益即无害,不探求福庆即无祸。保全自身才是最重要的,富贵不过是它的附带罢了。

【时析】

事物是正反相成的。誉毁、善恶、利害、祸福，相伴而生，不即不离。当看到其中一个方面的时候，自然就要想到另一个方面。这也是防患未然、苦尽甘来的依据和基础。世间可以留意和追求的事物很多，但是善于保全自身则是实现理想的基础，因为名利等只有依靠它才能实现。对现代人来说，对祸福等的关系有全面的认识，对保养身体的重要性有明确的观念，在正确对待人生和事业等诸多问题上一定会有很多助益。

欲福先无祸，欲利先远害。故无为而宁者失其所宁即危，无为治者失其所治即乱①。失其所宁者，谓舍内宁而外求宁则困矣。失所治者，谓遗身而求治人则惑矣。……甘井必竭，直木必伐。物有美而见害，人希名而招祸。华荣之言后为愆，先骋华辞，后招身祸。（《文子·符言》）

【注释】

①无为治者失其所治即乱：似应为“无为而治者失其所治即乱”，脱一“而”字。可参见《庄子·诠言》篇“无为而宁者失其所以宁则危，无事而治者失其所以治则乱”。

【今译】

要想得到福必须先无祸，要想得到利必须先远害。所以，无为而宁的是无为，失其所宁，便是有为，有为就会失败；无为而治，是因物而治，失其所治，便是有为而治，有为而治就会发生动乱。失其所宁，是指舍弃内心的宁静而向外求，最终也会困顿不堪。失其所治，是指忘记了自己而专想如何管理他人，这也是一种迷惑。……甜美的井水必然会被汲干，挺直的树木必然会被伐倒。物往往因美而惨遭祸害，人常常为追逐名利而招惹灾难。美妙动听的言辞毕竟会导致过错，一旦夸夸其谈，祸患也会接踵而至。

【时析】

福与利的基本条件是免受意外的伤害，所以“无祸”与“远害”成为了两个基本前提。从《文子》基本的道家立场来看，遵循自然规律，无为而宁，无为而治，不管在修身还是治国上，都应重视事物发展的内在法则，反对人为妄动的“有为”和“有为而治”，因为导致混乱和灾祸的正是那些违背自然规律、漠视客观法则的行为。所以，无论事业成败如何，最终还需要反诸己身，省察自己身上的优缺点。特别是那些所谓的优点，有时恰恰是招惹灾患的祸根。

乐所以为乐者，乃所以为悲也；安所以为安者，乃所以为危也。（《文子·自然》）

【今译】

快乐成为快乐的原因，也是成为悲哀的原因；安稳成为安稳的原因，也是成为危险的原因。

【时析】

这句格言简要地指出乐悲、安危相伴而生紧密联系的特点。如果以自己的快乐为快乐，而不考虑别人的快乐，那么这种快乐很快将演变为悲哀；如果以自己的安全为安全，而不考虑他人的安全，那么这种安全很快将演变成危险。事物就是这样奇妙，所以安危虽然相反但又相成，有一条共同的纽带联结着它们。世间像这样的事物并不少见，除过设身处地替他人着想外，推己及人也是一个很好的办法。只有大家都有乐、安的感受和判断，才是真正的乐与安。这可以给现代人提供一条更好的检验安乐的标准。

生有为，死也。（《庄子·寓言》）

【今译】

人生在世，如果妄为，便会走向死路。

【时析】

庄子这里所阐发的思想与老子一致。反对刻意的人为，崇尚自然。如果任意地强作妄为，漠视事物自身的客观发展规律，必将受到规律的惩罚，所以就很难取得成功，甚或自取灭亡，因此称“生有为，死也”。如果注意到生死紧密联系，事物的兴亡往往取决于是否注意和顺应了事物自身的发展规律，从而“无为而无不为”，这样便可以躲避祸患，成就事业。如果在顺境中，不顾及事物的规律和法则，顺境也会变成逆境。这也是“居安思危”的另一层意思，即要求加强对事物内在规律的探讨。历史上，并非所有有忧患意识的人都得到了完满的历史结局，除过历史本身的曲折复杂外，其中一个很重要的因素就是其忧患意识多大程度上触及了事物的客观发展规律，并与其保持同向运动。

圣人安其所安[1]，不安其所不安[2]；众人安其所不安，不安其所安。（《庄子·列御寇》）

【注释】

①所安：指自然之理。②所不安：指人为之行。

【今译】

圣人以自然为安，以人为为不安；众人则以人为为安，以自然为不安。

【时析】

在祸患和福利面前，圣人与普通人的抉择是有差别的。圣人注意抓住事物的本质，以该安的为安，以不该安的为不安；普通人则往往难以发觉事物的关键，被现象所迷惑，所以，不该怀疑担忧的怀疑担忧了，而应该认真对待的却大而化之、丧失了警惕。这种惨痛的历史教训曾不止一次地在人类历史上上演，引人深思。值得注意的是，在庄子道家哲学的具体语境中，"所安"与"所不安"有具体的含义，体现了自然与人为的对立，也是思考古人"忧患意识"的重要内容之一。

知慧外通，勇动多怨，仁义多责。达生之情者傀[1]，达于知者肖[2]，达大命者随[3]，达小命者遭[4]。（《庄子·列御寇》）

【注释】

①傀：伟；大。②肖：小。③随：顺遂；自然。④遭：遭遇；随遇而安。

【今译】

明智追逐的人易外露，勇猛浮动的人易招怨，重仁行义的人易被责。通达生命实情的人心胸宏大，精通智巧的人胸襟狭小，通达大命的人顺任自然，通达小命的人随遇而安。

【时析】

居安思危，在不同人身上会有不同的表现。如果借助《庄子·列御寇》篇的表述，"智慧""勇动""仁义"都容易被人所指责，招致埋怨，是应该分外警惕的。因为个人兴趣的差异，各人的心胸和对待人生的态度也不同。顺任自然与随遇而安是不同的人生方式，如果可以类比的话，前者包含着居安思危的意识，但强调了遵循自然（规律）；而后者却安于现状，随遇而安，明显缺乏居安思危的观念。

治，乱之率也，北面之祸也，南面[①]之贼也。（《庄子·天地》）

【注释】

① 南面：指君主。古时候帝王的座位向南，臣子见帝王都向北礼拜，因而用“南面”借代君主，“北面”借代臣子。

【今译】

治是导致乱的起因，它是臣子的祸根，也是君主的害源。

【时析】

治乱相因，是中外古今的历史教训和演变规律，所以，不少智者就提醒人们要加强防微杜渐的意识，在国家太平的时候不忘乎所以，因为良好的条件和歌舞升平的局面，也许掩盖了危机的存在，同时也会使社会成员麻痹大意，丧失警惕，因而成为致乱的祸根和源头。古代，君主和臣子在太平盛世中演绎的历史悲剧，足够让人扼腕叹息。《庄子·天地》以冷峻的语调指出“治可致乱”、治乱统一的辩证规律，发人深思，它是“居安思危”在治乱问题上的集中反映。

夫函[①]车之兽，介[②]而离山，则不免于网罟之患；吞舟之鱼，荡而失水，则蝼蚁能苦之。（《庄子·庚桑楚》）

【注释】

① 函：同音借为“含”。② 介：独。

【今译】

可以含车的巨兽，独自离开山林，就免不了网罗捕杀的祸患；可以吞舟的大鱼，击浪游离江河，即使微不足道的蝼蚁也能让它困苦不堪。

【时析】

《庄子》中借庚桑楚的这段话形象地说明了养生的技巧和智慧。鸟兽虫鱼通过高飞深藏的办法躲避祸患,人也可以通过敛形以实现养生。这里选取的语言片断却可以使人进一步明白,安和危是相对的,它们都有特定的条件限制。如果离开了某些条件的支持,安和危也是可以转变的。

学者,学其所不能学也;行者,行其所不能行也;辩者,辩其所不能辩也。知止乎其所不能知,至矣;若有不即是者,天钧[1]败之。(《庄子·庚桑楚》)

【注释】

① 天钧:自然之性。

【今译】

学习的人,是学他所不能学的;实践的人,是行他所不能行的;辩论的人,是辩他所不能辩的;知的探求至于他所不能知的领域,便是极致了;如果达不到这样,那么人的自然本性就要受到亏损了。

【时析】

日常生活中,人们所追求的往往是自己所缺乏的。人的社会行为,无论是实践行动还是口头辩论,不少正是现实中缺乏而亟需解决的问题。庄子不仅看到了人们的追求具有填补空缺、弥补不足的特点,而且他认为人的行为应该有一定的限度,这就是人们所追求的目标和理想。如果已经达到了一定的目的,即所谓理论和实践的极致,还不明晓这个道理,那么过犹不及,人的自然本性就会遭受影响。虽然,庄子对人为的学习和实践还没有持完全否定的态度,但是他已经深刻地指出人类活动的范围和限度,应以不危及和损害人的自然本性为尺度。今天,在现实生活中,对行为的方式和目的的有限性、相对性有一定的理解和体认,有助于更加冷静、理智、和谐地推动事业和人生的发展。

天地之道,莫见其所以长物而物长,莫见其所以亡物而物亡。圣人之道亦然:其兴福也,人莫之

见而福兴矣；其除祸也，人莫之知而祸除矣。(《尸子·贵言》)

【今译】

天地的运行规律,没有人见它怎样使物生长,但是物生长了;没有人见它怎样使物灭亡,但是物灭亡了。圣人遵循的道也是这样:他造福,人没有看到但是福降临了;除祸,人没有看到但是祸祛除了。

【时析】

事物都有自己的运行规律,也许人没有发现它,它依然我行我素,万事万物就这样繁衍生息、自生自灭。人们如果明白了这个道理,就会注意谨饬自己的言行,不必斤斤计较于别人是否感恩戴德,也就少了不少口舌是非和不幸。安然处世,在顺利的时候不至忘乎所以,因为事物自有内在的规律悄然运行,它或许正在向相反的方面转变。

居则有法，动作循名，其事若易成①。若夫人事则无常，过极失当，变故易常，德则无有，昔（措）刑②不当，居则无法，动作爽③名，是以僇受其刑④。(《黄帝四经·经法·姓争》)

【注释】

①其事若易成:若,读为"乃"。②昔刑:即"措刑"。措,处置;刑,刑罚与用兵。③爽:差错。④僇受其刑:即遭受诛戮之刑。

【今译】

居静有法度,动作遵循名制,这样做事才容易成功。如果人们的社会活动不遵守一定的常则,超过了道的标准,丧失了应有的法度,改变已有的状况和规则;不施德惠,用刑不当;居静没有法度,动作不循名制,就会因此身受屠戮之刑。

【时析】

这里强调了在一定状况下,遵循法度对成就事业、躲避祸患的重要意义。无论是自然界还是人类社会,都存在着一种常则。既然是常则,就意味着它们不是随着人的主观意志任意改变的。自然界的规律要遵守,否则容易受到大自然的惩罚。人类社会的规范,在一定历史条件下,促进了社会的发展,并形成人们相对稳定的行为准则,也是需要遵守的。做到名实相符,动作有度,不触犯法律和道德,自然可以远离杀戮之祸。

人莫不以其生生,而不知其所以生。人莫不以其知知,而不知其所以知。知其所以知之谓知道,不知其所以知之谓弃宝①。弃宝者必离②其咎③。(《吕氏春秋·侈乐》)

【注释】

① 宝:重。② 离:同“罹”,遭受。③ 咎:殃,祸患。

【今译】

人没有不按照生的规律而降生,但是却不知道生的原因。人没有不按照知的规律把握事物,但是却不知道知的原因。只有真正把握了知的原因才能称得上是“知道”,没有把握到知的原因叫“弃宝”(放弃重要的东西)。“弃宝”的人一定会遭致祸殃。

【时析】

万事万物都有一定的运行法则,这个法则在中国古代一般被称作“道”。人们往往受到法则的影响和制约,但却不一定能够清楚地觉察到它的存在,所谓“日用而不知”,只有那些对世界充满好奇心、不断扣问自然和自我的哲学家们或许能够明白其中的原因,从而达到对规律的自觉掌握和运用。《吕氏春秋》把这种对“道”的洞察称为“知道”,也就是对“道”达到了理性的把握,相反对“道”懵懂不清的人则被称作“弃宝”。缺乏对“道”的理性把握,所以“弃宝”的人就会遭到祸患,因为还不能更好地规范和调节自己的行为。“知道”对提高把握世界规律的理性认识和实践能力会有很大帮助。

固不知,悖也;知而欺心,诬也。诬悖之士,虽辨①无用矣。是非其所取而取其所非也,是利之而反害之也,安之而反危之也。(《吕氏春秋·振乱》)

【注释】

① 辨：同“辩”。

【今译】

本来不知道说法矛盾而强说，即所谓“悖”。知道说法矛盾而陈说，这是欺心，即所谓“诬”。有诬悖不足的士人，即使再能说会道也是无益的。这样，不满意自己选取的但是选取的却正是自己不满意的，本欲施加恩惠却反而带来了祸害，本欲保证平安却反而更加危险了。

【时析】

人的行为复杂微妙，有时候动机与效果不一致，甚至恰恰相反。当一个事物的决定性因素很多时，就要谨慎地权衡，以免出现事与愿违的情况。特别是本来可以使人与事更加安全的行动，却带来了危险和祸患，如雪上加霜，反而不利于事物的存在和发展。寓言“揠苗助长”就讲述了这个道理。它提示人们，做事要遵循事物的客观规律，不能听任自己的主观意愿妄加裁断，努力减少事倍功半、劳而无功、好心办错事的现象。

小之定也必恃大，大之安也必恃小。小大贵贱，交相为恃，然后皆得其乐。（《吕氏春秋·谕大》）

【今译】

弱小的想安定一定要依赖强大的，强大的想安定一定要依赖弱小的。弱

洞庭风细

小、强大、富贵、贫贱，相辅相成，互为凭借，这样才都能够达到理想的结果。

【时析】

这里揭示了安定局面形成中的"和谐"问题。单一的静止的安定恰恰不是安定，多样统一动态和谐的安定才能够真正给整体和局部带来幸福和快乐。无论国家、集体和个人，这种小大贵贱本身是相辅相成的，不能片面割裂，否则具体的安定局面不能真正形成。国家混乱了，家庭也难以安宁；家庭混乱了，自身也难以安宁。相反，如果自身安宁了，家庭就会安宁；家庭安宁了，国家就会安宁。这也是在《吕氏春秋》中能够看到"反求于己"思想倾向的一个例证。单方面的安定最终还是不安定，这给我们思考此类问题提供一个比较开阔的思路。

细[1]之安，必待大；大之安，必待[2]小。细大贱贵，交相为赞[3]，然后皆得其所乐。（《吕氏春秋·务大》）

【注释】

① 细：小。② 待：恃，依靠。③ 赞：即"待"。

【今译】

小的事物的安宁，一定要依靠大的事物；大的事物的安宁，也要依靠小的事物。大小贵贱，相互依赖，这样才会都获得安乐的局面。

【时析】

这里论述了事物相互联系的道理。家庭与个人的小安，要依靠国家安宁的大环境；国家的大环境的安宁，也要依靠个人和家庭的自觉与维护。难能可贵的是，该段文字包含着事物和谐相处、安乐与共的思想。对于一个集体的管理来说，也是这样，能否发挥个人所长并在集体中形成奋进的合力，则是事业成败的关键之一。

事多似倒[1]而顺，多似顺而倒。有知顺之为倒、倒之为顺者，则可与言化[2]矣。至长反短，至短反长，天之道也。（《吕氏春秋·似顺》）

【注释】

① 倒:逆,与“顺”相对。② 化:事物发展的趋势和规律。

【今译】

大多事情表面看起来不顺利而实际上却很顺利,表面看起来顺利而实际上并不顺利。如果有知道顺利与不顺利这种复杂微妙关系的人,就可以一起来讨论事物发展的盈缩规律了。最长会返归短,最短会返归长,这就是自然的运行法则。

【时析】

这种对事物物极必反及复杂性的认识,融合了中国古代道家和阴阳家的思想。在现实生活中,观察天象的日出日落、月亏月盈、季节变更,人们自然会发现在自然界中存在着这种发展变化规律,也叫盈缩规律。它给人们社会生活的启示也很丰富,在得意的时候不能忘掉有可能面临的困厄,在困顿的情况下不能丧失生活的信心和勇气,因为事物在不停息地发展。而且暂时的胜利和困难可能掩盖着事物恰恰相反的本相,所以不能掉以轻心,也不能灰心丧气。

世治则愚者不能独乱,世乱则智者不能独治。

(《淮南子·俶真训》)

【今译】

如果社会安定太平,愚蠢的人不可能独自作乱;如果社会混乱腐败,聪明的人也没有办法。

【时析】

这里扼要谈论了治乱的政治局面与社会整体风俗之间的密切联系。个体的智愚及行为与时代息息相关,也就是说,仅有人为的举动对治乱是无济于事的,治乱自有其内在的因素和原因。如果社会基础稳固,即使有些不和谐的因素,也没有大的妨碍;但是,如果社会基础不稳固,即使再聪明的人,也很难收拾混乱不堪的局面。因此,《淮南子》对人为的作用评价并不高,而是反复肯定社会的运行具有自己的独特规律。重视基础和背景,从大局和整体出发,增强忧患意识和责任感,这样,或许这些在历史上频频闪现的哲理会悄然退出历史舞台。

物盛而衰，固其变也。（《史记·平准书》）

【今译】

事物由极盛发展而为至衰，原本就是事物内在的演变。

【时析】

事物盛衰变化，曲折微妙。司马迁也认为："物盛则衰，时极而转。一质一文，终始之变也。"（《史记·平准书》）从表面现象来看，似乎事物背离了自己，从昌盛跌落为衰微，实际上正是因为事物本身就包含着矛盾的对立方面，它们的相互作用推动了事物的发展，因此，表面的背离预示的正是事物内在的一致与连贯。所以，盛衰的变化，并不是事物抛弃了自己，而是事物原本固有的内在变化。

夫欲安民富国之道，在于反本，本立而道生。顺天之理，因地之利，即不劳而功成。夫不修其源而事其流，无本以统之，虽竭精神，尽思虑，无益于治。欲安之适足以危之，欲救之适足以败之。夫治乱之端在于本末而已，不至劳其心而道可得也。（《盐铁论·忧边》）

【今译】

如果想获得安定民众、富足国家的方法，就要在根本上去找，有了根本，方法自然会产生。顺应自然的法则，发挥资源的优势，就是不用操劳也会成就功绩。如果不从根源上整治，而是在支流上费力，没有一个根本来统领，即使殚精竭虑，对国家也没有裨益。想要安定国家，但采取的措施却恰恰给国家带来危险；想要解救国家，但使用的手段却反而败坏了国家。国家太平混乱的关键在于如何处理根本和枝末的关系，明晰了这一点，不用劳费心机也可以获得治国的方法。

【时析】

这本是汉昭帝始元六年（前81年）召开的盐铁会议上"文学"之士的宏论，当然，某些概念是有特指的，作为儒家学说的代表者，其中的"本"更侧重指"礼义"。"天""地"在汉代学者那里也有特定的内涵，当时主要强调不可废弃仁德，不能独任严刑峻法，国家的财政与外交政策与国家的处境息息相关。今天重读这段文字，会给人一种强烈的震撼和智慧的启迪。治理国家、应对人生、参与社会活动，应该采取怎样的方法，不是一个简单的问题，不能轻率决定。要考虑方法与原则的关系，具体的途径与所希望的目的的统一，从而使自己的奋斗努力具有更加浓郁的精神内涵和智力支撑，行动才会持久、事半功倍，避免适得其反的现象。其中所提到人们的手段与目的之间冲突和不一致，是后来无数历史事实和惨痛经验可以佐证的教训。

见利虑害，见远存近。（《盐铁论·击之》）

【今译】

看到有利的方面就要考虑到有害的方面，看见远方就不要忘记近处。

【时析】

利害、远近既相互对立，又相互联系，相互转化。事物及事物的运动是复杂的、变化的，所以，人们在观察和处理时，不能单纯拘泥于一个方面，要时时考虑到对立面的存在。看到好处的时候，不能忘记坏处，这样把握或许会更全面些。这种道理与“居安思危”是内在相通的，因为安与危相对而言，见安虑危便很自然了。

教之行废，国之安危，皆在命时，非人力也。（《论衡·治期》）

【今译】

教化是推行还是荒废，国家是安全还是危险，都取决于时运，而不仅仅是人力。

【时析】

国家治理的影响因素很多，人力因素只是其中的一个重要方面。按照《论衡》作者王充所理解的，其中蕴藏着内在的规律，这个规律并不纯粹由人力决定，包含着朴素的唯物主义的因素。肯定社会的变迁有其内在的规律，但又不是有神论或命定论的思想，它从某种意义上彰显了社会发展的独特规律。当然，肯定国家安危的必然性虽然与注重人为不矛盾，但毕竟补充了安危问题中的一个重要侧面。

昌必有衰，兴必有废。兴昌，非德所能成，然则衰废非德所能败也。昌衰兴废，皆天时也。（《论衡·治期》）

【今译】

昌盛必有衰败的时候，兴起必有废弃的时候。兴起和昌盛，并非都是盛德所促成的，既然这样，那么衰败和废弃也不是恶德所败毁的。昌盛衰败、兴起废弃，都是天时所造成的。

【时析】

王充根据对现实的冷静观察，得出了社会的状况与道德并没有必然的内在联系，在当时是相当大胆和超前的。古人往往将盛世与盛德联系起来，尽管历史上也有不少例子可以证明这一点，但是更多的则是德行与政治命运不同步的现象，因为它们不是同一个领域的问题。具体到人生上也是如此，人生顺乖与道德修养也不一定成正比关系，所以关汉卿《窦娥冤》中窦娥唱道："为善的受贫穷更命短，作恶的享富贵又寿延。"虽然人们在努力追求公正、公平、正义的理想蓝图，在内心深处想使德行高洁与国家富强和个人安泰紧密联结起来，但这毕竟是一种美好的愿望，而远不是历史事实。它可以促使人们理智地面对现实中各种错位现象，也有助于帮助人们开阔心胸和思路。

人之死生，在于命之夭寿，不在行之善恶；国之存亡，在期之长短，不在政之得失。（《论衡·异虚》）

【今译】

人的生死，关键在于命运的长短，而不在于德行的善恶；国家的存亡，关键在于时间的久暂，而不在于政治的得失。

【时析】

关于国家兴亡与政治得失、个人遭际与道德品行的关系，历来难以归纳出一个明确的结论。有的人主张它们之间存在着一定的内在关联，也有人不这样认为。主张政治上的得失未必一定就导致国家兴亡，个人道德的好坏也未必能一定形成顺逆的命运。《论衡·治期》也说："世之治乱，在时不在政；国之安危，在数不在教。贤不贤之君，明不明之政，无能损益。"这种看法暗示了复杂的社会人生现象自有其内在的规律，是不以人的意志和人为努力为转移的。但是如果过分地张扬、揭示规律与人的作为相隔离，则是机械的、片面的，也不利于引导社会文明的快速发展，甚至会鼓励、迁就甚至放纵反道德、非道德的行为。在现代社会生活中，注重人为，努力使人为因素顺从和遵守自然的规律；强调德行，努力构建新时期的精神家园，进一步激发社会发展和思想革新的动力，各行各业都可以在此受到启发和鼓舞。

日不恒中，月盈则亏，履邪念正，居安思危。（《艺文类聚·鉴诫》）

【今译】

太阳不可能经常位于天空的中心，月亮满盈时将会出现亏缺的情况，身在邪恶的境地但内心怀着正义，处于安宁太平的时候能考虑到危险的存在。

【时析】

古人从自然天象的运行中体悟到万事万物的发展变化规律，是难能可贵的。特别是生动的运动变化规律，提醒人们事物不是一成不变的，太阳的中与不中相伴而生，月亮的盈满亏损相辅相成，这些事物矛盾的对立双方都是这样成双成对，难以分离，人们不能片面地拘泥于某一个侧面。在社会生活中也是这样，邪与正、安和危也不能完全分离，否则人就容易消极或骄傲，从而造成不必要的损失。

居安思危，位极则迁，势至必移。（《艺文类聚·赠答》）

【今译】

身处安宁的环境要能考虑到危险的情况，地位到达极点就会发生变迁，事物发展的内在必然性决定事物一定会发生变化。

【时析】

人们为什么要居安思危，并不只是因对历史事实的省察而形成的恐惧，更重要的则是对人生规律和社会生活的反思。物极必反，由事物的内部矛盾运动推动，事物不停息地运转、变迁，反映了一种基本规律，即“位极则迁，势至必移”。这条规律提醒人们应注意事物发展的对立统一规律，事物发展到一定的时候就会向相反的方向转变，从而不至于在消极的处境下灰心丧气，在顺利的处境中骄傲自大，因为这种变化是由事物发展内在的必然性决定的，所以也可以坚强人们的自信心和警惕心。

天下之主，道德出于人；理国之主，仁义出于人；亡国之主，聪明出于人。（《化书·聪明》）

【今译】

管理天下的统治者，他的道德超出常人；治国的管理者，他的仁义超出常人；亡国的管理者，他的聪明超出常人。

【时析】

这里渗透的也是反对聪明技巧、强调自然无为的思想。它描绘了三种治理的境界和方法。最理想的是统摄全部，顺应自然，不妄为，实现人与自然、人与人的和谐相处，不违背规律，才能成就事业；对于太平的国家来说，人为的因素在不断增加，但是还没有忘记人类社会和自然的规律，倡导实践“仁义”的主张了；而暗藏危机的国家，则崇尚智巧，漠视规律，妄为反而无所作为，导致国家的紧张和危乱。《老子》说的“治大国若烹小鲜”，之所以标明“烹小鲜”就已在强调尊重规律、减少人为的重要性。

夫仁不俭，有不仁；义不俭，有不义；礼不俭，有非礼；智不俭，有无智；信不俭，有不信。所以知俭为五常之本，五常为俭之末。夫礼者，益之道也；俭者，损之道也。益者损之旨，损者益之理。礼过则淫，俭过则朴。自古及今，未有亡于俭者也。（《化书·损益》）

【今译】

仁如果离开了俭朴，就会产生非仁的行为；义如果离开了俭朴，就会产生非义的行为；礼如果离开了俭朴，就会产生非礼的行为；智如果离开了俭朴，就会产生非智的行为；信如果离开了俭朴，就会产生非信的行为。由此可以推知，简朴是人们五种伦常的根本，五常则是简朴的表现和枝末。礼义，是增益的原则；俭朴，是减损的原则。增益是减损的本义，减损是增益的道理。礼义超过了一定的限度就会泛滥无度，简朴超过了一定限度就会朴实无华。但是从古到今，还没有因为俭朴而灭亡的例子。

【时析】

这段论述是颇耐人寻味的，对今天的启迪尤大。《化书》的作者根据自己的观察，发现作为人类社会生活重要内容的仁义礼智信五常都和简朴有着内在的紧密联系。如果离开了简朴的基本指向，五常终究会走向反面。因此，他认为简朴是五常的宗旨和根本，而五常不过是简朴的表现而已。作为道家思想的反映，这里的简朴实际上是道自然朴质特征的体现，因此，这里具有本源意义的其实就是道，而不仅仅是一些表面形式因素的简朴。在这种意义上，才有关于礼益与道损的辩论。礼义虽然形式上体现为增益，但本意是合乎道，减损的朴质原则才是礼的要义。崇尚自然，提倡简朴，注重节约，有助于更好地处理人与自然、人与人、人与文化的关系，增进生态的和谐和文化的进步，在当前也是有现实意义的。

善驰者终于蹶，善斗者终于败。有数则终，有智则穷。巧者为不巧者所使，诈者为不诈者所理。（《化书·异心》）

【今译】

擅长骑马的却以跌倒结束，擅长打斗的却以失败告终。有技术就有终结的时候，有智巧就有穷尽的时候。智巧的人往往被不智巧的人所利用，欺诈的人往往被不欺诈的人所治理。

【时析】

受道家思想的强烈影响，《化书》也反对逞意任性的行为，主张不能片面听信智巧与技术。技术和智巧都是身外之物，对人的德行帮助不大，甚至会引起某些亏损，因为这些末技不是根本性的因素，所以都有穷尽的时候。“巧者为不巧者所使，诈者为不诈者所理”是一种理想的状况，甚至与某些历史事实恰恰相反，但从整体上分析还是有一定道理的。人们说的“聪明反被聪明误”就能印证这一点。

夫酒醴者，迫之饮愈不饮，恕之饮愈欲饮。是故抑人者人抑之，容人者人容之；贷其死者乐其死，贷其输者乐其输。所以民盗君之德，君盗民之力。能知反覆之道者，可以居兆民之职。（《化书·酒醴》）

【今译】

面对美酒，强迫人饮用，人愈益不会饮用；如果宽宏大量随人方便，人反而会喝很多。所以，抑制他人的人也会受到抑制，宽容他人的人也会获得宽容；依靠他人死亡做生意的人不免幸灾乐祸，依靠他人输败谋生的人巴望人们输败。因而百姓盗用君主的德行，君主盗取百姓的力量。能够知晓其中相互反覆道理的人，就可以胜任管理百姓的职责了。

【时析】

这是通过日常生活中的经验得出的“推己及人”的道理。人们相互之间处理关系的方式有很多种，但基本的原则则是对立或一致。如果将对方视为自己欲征服、改造的对象，在矛盾中便很难取得共识和推进。如果将对方视为与自己有一致利益的对象，以宽厚之心容忍对方，那么事情便容易推进，也容易达成共识和沟通。总之，这些看似琐碎的日常生活经验，如果注意到它们的思想启发，特别是给予管理思想的启发，在对事物相互关系的把握中就能领悟到成败兴亡的道理。

在势之必然处见理……势既然而不得不然，则即此为理矣。（《读四书大全说》）

【今译】

在事物发展的必然中洞见事物本身的理……事物已经形成的状态及其不得不形成这种状态，就是探求事物的理的依据。

【时析】

作为事物内在的发展规律，在中国古代哲学上有不同的称谓，常见的就是“道”和“理”。或多或少有些空洞的“理”和“道”怎样才能彰显出来呢？则要依靠事物自身。这些内在的规律和世界的本质就蕴藏在事物自身中，所以事物发展才呈现出不得不然的必然趋势，抓住了这种事物的现状和必然的发展态势，就能寻找到事物的常则，也就是规律。这里提醒我们：一是探求事物规律不能脱离事物本身，警戒脱离事物的浮泛议论；一是探求事物的奥秘要注意事物不得不然的发展态势，正是这种必然性揭示了事物的独特规律。对于探究治乱安危问题来说也是如此。

生有生之理，死有死之理，治有治之理，乱有乱之理，存有存之理，亡有亡之理。天者，理也；

其命，理之流行者也。……夫国家之治乱存亡，亦如此而已矣。（《读通鉴论》）

【今译】

生存有生存的道理，死亡有死亡的道理，太平有太平的道理，混乱有混乱的道理，存有有存有的道理，灭亡有灭亡的道理。天命的天，就是万物的道理；天命的命，就是道理在万物中的贯注和流行。……国家的治乱存亡，也不过这样罢了。

【时析】

世间的万事万物都有各自内在的规律，它们既有差异和特色，也有相近的共同特征。如这些道理都是客观的、必然的，它们不能脱离事物而存在，而且生动活泼地内蕴于事物中。因此，把握道理的方法就主要在于根据事物本身去探求事物发展的内在规律。对于国家存亡、治乱的问题，也是根工据国家治乱存亡的历史实际发掘客观规律和共性特征，并作为现实国家管理和个人人生的历史借鉴。

暑极不生暑而生寒，寒极不生寒而生暑。……消与长聚门，祸与福同根。（《默觚·学篇》）

【今译】

热到极点就不再变热而逐渐变冷，冷到极点就不再变冷而逐渐变热。……消减和增长处在一起，祸患与福庆同根相生。

【时析】

事物发展变化都有一定的内在规律，如物极必反。但是物极必反并非是事物发展到一定的顶点就突然转向对立面，而是因为事物的对立面相互存在、共同发展，到一定时候，相对隐微的一方就会彰显出来，它本身是事物矛盾运动的自然过程。在人类社会中，也存在着类似的现象，盛极而衰，衰极复盛，但这只是通常人们观察事物的一般认识，更值得注意的却是盛中藏衰、衰中含盛，前者如开元盛世、康乾盛世等，后者如勾践灭吴等。在分析对待现代经济、文化等领域的问题时，虽然具体的问题和时代有了天壤之别，但是从矛盾转化及其条件角度把握事物发展规律依然不失为一种有效的方法。

人道为本

皇天无亲，惟德是辅。(《尚书·蔡仲之命》)

【今译】

上天没有亲疏之别，它只是辅助那些有德行的人。

【时析】

这句格言以神学的形式表达了对德行修养的重视，在中国古代是很独特的，也是古代天命观念发生巨大变化的重要阶段。尚德从此逐步走向传统文化的中心，当然不同的历史时期，“德”的内涵和特点会有很大差异，但是在整体上重视向内加强自己的道德修养，向外恪守伦理道德规范则成为“德”的重要标志。古人由历史的发展规律发现，世袭的江山更迭已经难以维持，关键在于统治者加强德行修养，并得到百姓的拥护和支持。因此，在形式上，这个命题仿佛是神学的，但是骨子里渗透的思想精髓却是现实的、历史的、人生的，而并非宗教的、神秘的。它给人们重视道德修养和伦理实践以重要的理论支持。

民惟邦本，本固邦宁……弗慎厥德，虽悔可追？（《尚书·五子之歌》）

【今译】

老百姓是国家的根本，只有根本稳固了，国家才会安宁昌盛……不谨慎自己的德行，即使后悔了难道能来得及吗？

【时析】

《五子之歌》虽然被学者怀疑为“晚书”，但是在中国传统文化观念的塑造和传播中却具有极其重要的作用。如“民惟邦本”的思想，就为后世开明政治家和思想家所重视，对现实政治社会生活和思想文化的发展产生了深远的影响。今天，“以人为本”的思想就是中国传统优秀文化“民惟邦本”观念的现代转化和发展，尽管基本的内涵已有显著差异。重视民众，关心民生，尊重民众的权利和自由等，构成了新的"以人为本"的精神内核，表现了中国传统文化的继承与创新、民族性与时代性有机统一的特点。在现实生活中高度重视民生问题就是"以人为本"理念的一种体现，多办顺应民意、化解民忧、为民谋利的实事好事，切实做到权为民所用、情为民所系、利为民所谋。如果既没有重视百姓在国家管理中的重要地位，也不加强管理者的德行修养，忽略了百姓的利益和作用，那么，后果将是很难设想的，犹如无本之木，无源之水。

神，聪明正直而壹者也，依人而行。（《左传·庄公三十二年》）

【今译】

神，是聪明正直而且专一的，它按照人的行为来行动。

【时析】

春秋时期的大变革，使人们深刻认识到了人的力量的重要性，当时的虢国多以神事为重，面对虢公的祭神举动，虢国的史嚚说了这段话。他认为，神是"聪明正直而壹者"，它要通过人的力量表现出来。人的善恶祸福，皆取决于人自己，而不取决于神。在这里，神尽管还存在，还是"聪明正直而壹者"，但它已不再是决定力量，而是要"依人而行"，人成为决定一切的最重要因素。因此，这里的"神"也没有神秘的色彩，与其说是人所信仰的对象，还不如说是对人的德行的印证和反映，具有浓厚的人文主义色彩。因此，如果真要敬仰神的话，先要修饬自己，重视道德和规范，因为人的行动与神的昭示是一致的。所以，在中国古代，即使从对人的行为进行反映（有些具有一定的因果报应倾向）的"神"的角度论述也主要侧重人的现实的道德状况。古人认为"人事为本，天道为末"（《群书治要》引）、"天时不如地利，地利不如人和"（《孟子·公孙丑下》）等都旨在强调人的地位的重要。尽管未必一定要有"神"的光环和佑护，但是加强道德修养和道德践履总是有积极意义的。

德之不建，民之无援，哀哉！（《左传·文公五年》）

【今译】

不建树良好的德行，在危急的时刻百姓不会援助，这是很可悲的啊！

【时析】

这是新兴的楚国灭掉蓼、六两国时，鲁国的大臣臧文仲总结蓼、六灭亡的教训时说的话。统治者自己不率先垂范，做好道德的榜样，难以醇化移易民风，危急时刻，百姓熟视无睹，不伸手援助，虽说表面看来是因为孤立无援造成的，而实际上则是由于平时不加强自己的道德，也没有与百姓同患难、共荣辱，本可以做到的事而没有做到，因此才是最可悲叹的。在现代社会，作为管理者，如果不断加强和提高自己的德行，就会深受员工的敬爱和信服。如果能够以身作则，团体也就会具有较强的凝聚力和竞争力，员工的主人翁精神和责任感、义务感、道德感也会比较强烈。在这种情况下，如果遇到危险，上下也会齐心协力，共渡难关。

吉凶由人。（《左传·僖公十六年》）

【今译】

人事的吉利与凶险都是因人而起的。

【时析】

该句虽然简单，但思想深刻，也是古人经历了漫长的观察和思考后得出的理性结论。我们常听到"天灾人祸"的说法，天灾是不可预防的自然灾害，人祸则是因为人事的某些不当引起的祸端。甚至在一个阶段，如汉代，人们认为天灾也是因人而起的，是因为人们做了违背伦理道德和法律的事而受到上天惩谴的结果，当然这是神学目的论的解释，今天已经显得粗糙简陋了。但是，祸福的变化，毕竟在主体自身上有一定的原因，如果注意到吉凶与主体内在的必然性，祸福、凶吉就可以通过对人修养的谨饬、意识的觉醒和能力的提高逐步达到主动避趋的效果。今天，人们通常所说的遇事多在自己身上找找原因，道理也在这里。

祸福无门，唯人所召。（《左传·襄公二十三年》）

【今译】

祸患与福庆并没有专门的门径，只是人自身招致来的罢了。

【时析】

祸福兴替，并不是不可知的，根本原因在于人自身。它提醒人们应该谨慎自己的言行，不断反思与改进，最终找到解决问题的根本方法。祸福变迁可以推知，前提就是人的品德和行为。这也是古人反复进谏帝王、告诫人们反躬自省的理论前提。在现实生活中，遇到不如意的事情，首先在自己身上找找原因，严以律己，未尝不是一个好办法。

强以克弱而安之，强不义也。不义而强，其毙必速。（《左传·昭公元年》）

【今译】

仅依靠力量强大而攻克弱小，并安然处之，这种强大是不合乎义的规则的。不合乎义的规则却反而强大，它的毁灭速度就很快了。

【时析】

中国古代史上，此类例子也很多，最典型的莫过于“秦朝二世而亡”的史实。无论是在战争还是国家治理中，人们的行为都遵循着特定的规范。“义”就是人们各种行为规范中重要的一种。古代的人们很少单纯依靠力量强弱作为巩固自己地位的唯一因素，所以才有“以德治国”“以礼治国”等传统。如果只注意事实，而不注意其中所蕴藏和体现的价值（如“义”），事物分裂与毁坏的局面会很快出现。现当代哲学发展进一步佐证了事实与价值之间的千丝万缕联系。所以，即使在各种门类的待人接物中，稍占上风即反思一下其中的合理性与价值，也是很有意义的。

刘子[1]曰：“吾闻之，民受天地之中以生，所谓命也。是以有动作礼义威仪之则，以定命也。能者养之以福，不能者败以取祸。是故君子勤礼，小人尽力，勤礼莫如致敬，敬在养神，笃在守业。……”

（《左传·成公十三年》）

【注释】

① 刘子：具体生平不详。

【今译】

刘先生说："我听说过这样的道理，人们一生下来本就禀受着天地的中正之性，这也就是注定的命吧。所以才有了指导行动举止、礼义形式的规范，用来强化和坚守这种命。能够"定命"的人守护命并获得了福庆，不能"定命"的人则不善于护持命因而招惹祸灾 。因此，有德行的君子会殷勤行礼，普通的百姓也会尽自己所能，重视礼没有比奉献上自己的谨慎小心再好的了，谨敬的目的在于护养精神，切实地担负起守业的职责。……"

【时析】

中国古代思想中有谨慎的修养身心的传统。所谓"如履薄冰，如临深渊"，仿佛在薄冰上行走，仿佛将要面临巨大的深渊和危险，人们会不断提醒自己，戒骄戒躁，避免祸端。这种谨敬的功夫，在古人看来，是"定命"的重要手段，也就是将个人的安身处命与遵守社会规范统一起来，依然也是现代人面临的问题之一。能够妥善处理这两者关系的人，事业人生便会比较顺利；不能妥善处理二者关系的人则有可能会遭受挫折，即"取祸"(《左传 · 成公十三年》)或"贾祸"(《左传 · 定公六年》)。

子曰："君子食无求饱，居无求安，敏于事而慎于言，就有道而正焉，可谓好学也已。"(《论语 · 学而》)

【今译】

孔子说："有道德的君子吃饭时不追求吃饱，居住也不要求安适，工作敏捷勤劳，说话谨慎，(通过)拜访有道德的人来改正自己的错误，这样的人可以称得上是好学了。"

【时析】

现代社会人们最苦恼的恐怕不是享受本身，而是产生享受的原因了。因为不少人的欲望越来越膨胀，最后迷途难返。实际上，欲望可以带动消费、娱乐和生产，可以调整生产结构的自然构成，现代社会不考虑人们的欲望(一般直接用物质和文化生活"需求"所替代)是不现实的，但当人们突然觉得自己仿佛被一种不属于自己的力量牵制着、驱赶着，而自己却无可奈何，我们称为"异化"。在这种情况下，要降低人生和社会的风险，反思自己就很重要了。孔子指出的"君子"的境界或许可以为我们提供参考，在衣食住行等经济生活方面不要有太多奢求。

子曰："不患无位，患所以立。不患莫己知，求为可知也。"（《论语·里仁》）

【今译】

孔子说："不担心没有职位，担心能够自立的本领。不担心没有人了解自己，追求让别人了解自己的本领。"

【时析】

这两句显示了孔子独特的忧患意识。概括地来说，孔子注意的不是寻常人所计较的名位，而是与名位这些形式相统一的实质，如个人的品德和才干。只有注意了那些根本性的东西，名位如影随形，不用追求就能自然达到。在孔子的思想中，一直重视内在道德和外在规范的统一，即所谓"文质彬彬"，当然他也看到了形式的重要性和独特性，他的学生子贡就曾说，虎豹的毛皮如果没有了毛的花纹，那就几乎要等同于犬羊的毛皮了，原因是失去了判断的一项标志。人们可以关注那些形式的东西，但更要注意与这些形式完美统一的内容；如果没有了实质的支撑和充实，那么形式还能维持多久呢？"皮之不存，毛将焉附？"孔子的忧虑，恰可以给现代人以警醒。事物或许有曲折的发展，但最终还是会达到形式与内容的有机统一。而重视本质性的东西，并促成与形式的完美统一，则是问题的关键。

子曰："人之生也直，罔[1]之生也幸而免。"（《论语·雍也》）

【注释】

①罔：不正直的人，诬罔的人。

【今译】

孔子说："人的生存由于正直，不正直的人也可以生存，那是他侥幸地免于祸害。"

【时析】

人应该有正直的品质，它是人成为社会人、文明人的根本标志之一，对人的生存意义有很大的影响，也是人们远离祸患的主要因素。在现实生活中，虽然不少正直的人，光明磊落，襟怀洒脱，但是却人生坎坷、命运乖舛，而那些为非作歹的人反而人生亨达、惬意舒适。孔子对待类似问题的看法可供现代人参考，他觉得不正直的人之所以能够生存，不过是因为侥幸罢了。这不仅是对这种现象的合理解释，而且与那些锒铛入狱、痛悔前生的人的心理比较契合。自然，人生是很复杂的，导致的因素多种多样，"因果报应"是人们的一种理想和良好愿望，但是无论如何，在整体上，"种桃得桃，种李得李"毕竟还是一种必然规律。

子曰："德之不修，学之不讲，闻义不能徙，不善不能改，是吾忧也。"（《论语·述而》）

【今译】

孔子说："品德不修养，学问不讲习，听到正义而不能迁改，自己有不足的地方却不能改正，这些都是我最担忧的事情。"

【时析】

孔子的担忧可供现代人参考。是否注意品德、学业（当然今天也不能忽视各种技能）、改过向善，总之，不断完善自我，提高自己的综合素质，包括品德与专业技能等方面，这些问题也应该是现代人比较关心的领域，尽管它们的具体内涵可能已经有差别了。所谓"人无远虑，必有近忧"，正是这些忧虑促使一个人更快地成长，不断地完善自己。

子曰："好勇疾贫，乱也。人而不仁，疾之已甚，乱也。"（《论语·泰伯》）

【今译】

孔子说："如果一个人喜好勇力，厌恶贫困，这是一种祸害。如果一个人有不仁的行为，痛恨他太厉害，也是一种祸害。"

【时析】

孔子的话，前半句不甚新鲜，有勇力又不能安于贫困，就会滋生出是非；后半句却是值得人们思索的，对那些曾经犯过错误的人，如何对待，是否要穷追不舍？也许，社会的安宁和谐，正是要人们思考这些如何面对经济状况和复杂社会现象的问题。对于前一种情况，常见的措施是加强教育，逐步端正人们的世界观和价值观，将勇力转移到积极奋进、为个人和社会谋幸福的方面，以免向背离社会和人生的方向发展。后一种情况，在现代社会更加具有时代意义。对于那些有意或无意地成为不治之症的受害者、一时失足的人们，社会如果采取关心、救助、教育的方式，减少人为的歧视和冷漠，一定会有助于问题的彻底解决。同时，它本身也是中华民族悠久深厚的人文精神在现实生活中的体现。

事者，难成易败。名者，难立易废。凡人皆轻小害，易微事，以至于患。夫祸之至也，人自生之。福之来也，人自成之。祸与福同门，利与害相邻，自非至精，莫之能分。故智虑者，祸福之门户也，动静者，利害之枢机也，不可不慎察也。（《文子·微明》）

【今译】

事情做成功很难，但要败坏却很容易。美名确立起来很难，但要废弃掉却很容易。人们都轻视细微的危害，忽略细小的事端，以至于酿成祸患。祸患的到来，实际上是人自己造成的。福庆的降临，实际上也是人自己成就的。祸与福相伴，利与害紧联，除非有精细的观察和体会，没有人能够区别清楚。所以，人的智虑，是祸福的途径；人的行为，则是利害的关键，这些都是不能不谨慎省察的。

【时析】

人们之所以"居安思危"，就是因为默许了这种前提："事者，难成易败。名者，难立易废。"创业难，守业更难。因为在功成名就的情况下，难以充分警惕祸患的端芽，"千里之堤，溃于蚁穴"，就是忽略了细小的危险造成的。也是在这种意义上，强调祸福最终的根源在于自己，这也是中国优秀传统文化中的精华之一。谨慎人的谋划和行为，不要忽略和轻视最细微的事端，及时发现和解决潜藏的祸患，这样，可以尽量减少人们遇到的危险，尽量增加人们享受的福祇。

修其天爵①，以要②人爵③；既得人爵，而弃其

天爵，则惑之甚者也，终亦必亡而已矣。(《孟子·告子上》)

【注释】

①天爵:指仁义忠信等伦理道德,即自然爵位。②要(yāo):追求。③人爵:指官阶、身份等等级差异,即社会爵位。

【今译】

人们修养各自仁义礼智的自然爵位,目的是为了满足社会的要求从而获得社会爵位;已经得到了社会爵位,却放弃了自己的自然爵位,那就太糊涂了,最终也会丧失社会爵位。

【时析】

孔子教导人们“学而优则仕”,当然“学”不仅仅是文化知识的积累,还包括道德品行的磨砺和人生智慧的觉悟。出仕做官只是道德品行修养到一定阶段的产物,也是做官的途径和衡量标准之一,或者可以说,良好的道德修养对为官有一定的决定作用。如果做官的目的已经达到,忽略或抛弃掉原先赖以存在的道德修养,最终做官也是难以保证的。孟子继承了这一点,注意到天爵对人爵的决定性意义。今天,在现实社会中,有的官员放松了对自己的严格要求,天爵丧失,甚至沉沦堕落,锒铛入狱,人爵自然也丧失了。这是强调加强道德修养对个人安危的重要性,无论是做官前还是做官后。

祸福无不自己求之者。(《孟子·公孙丑上》)

【今译】

祸患或幸福没有不是自己招惹的。

【时析】

祸福由己,在古代是难能可贵的思想观念,因为这种意识说明已经从意志、天命、神仙等外力决定论观念中挣脱出来。尽管还不能说中国古代乃至现代,这个问题得到了一贯的彻底的全面的解决,但是它毕竟有一个久远的传统,最早似可溯源至郑国子产提出的“天道远,人道迩”观念。人生的如意与失意、事业的兴衰成败,虽然受某些本质规律决定,但主体自身也是不可忽略的重要因素。反求于己,会对祸福兴替有冷静清醒的认识,也可以克服推卸责任、埋天怨地等不妥行为,有助于发挥主观能动性、积极趋利避害。

暴其民甚，则身弑国亡；不甚，则身危国削。（《孟子·离娄上》）

【今译】

暴虐百姓太厉害，本身就会被杀；不太厉害，本身处境也很危险，国力也会被削弱。

【时析】

这是孟子仁政主张的逻辑延伸。强调对待百姓要仁爱，不能太苛刻，有朴素的爱民思想。因为历史的经验证明民心向背极为重要，如果善待百姓，得到百姓的拥护和爱戴，自己的行为与百姓的根本利益和长远利益一致，就能获得最终的成功；反之，结果相反，甚至自己的身家性命也难以保全。这些论述不仅适用于战争年代，在和平建设时期，依然提醒各行各业的管理者，要关心爱护下属，保障他们的正当权益，不做侵犯员工合法权益的事情；谋事注重长远，形成团结和谐、共同奋进的良好工作状态和氛围。

君者，舟也；庶人者，水也。水则载舟，水则覆舟。（《荀子·王制》）

【今译】

国君，如船；百姓，如水。水能承载船运行，也能使船倾覆。

【时析】

这里较早地揭示了百姓和统治者的辩证关系。“水能载舟，亦能覆舟”，唐太宗李世民很欣赏这句话，但是它的最早出处却是《荀子》。水波平缓，安静祥和，稳定太平的时候，水能漂浮起船只，推动船只运行；水波动荡，恶浪翻滚，凶象环生的时候，水则是导致船只沉没的因素。在国家管理中，的确也有类似的现象，说明民心向背决定国家的生死存亡。它给人们的启示是，应该重视和关心百姓的处境和疾苦，以民为本，依靠百姓的力量和主人翁精神促进社会的发展；同时也暗示了事物用之得当则有利，反之必有弊害的道理。

德荡乎名，知出乎争。名也者，相轧也；知也者，争之器也。二者凶器，非所以尽行也。（《庄

子·人间世》)

【今译】

德的失真是因为好名,智的显露是因为争胜。名,相互倾轧的凭借;智,互相争斗的工具。这两者都是凶器,不能尽行于世。

【时析】

德的状态究竟是怎样的呢?什么样的人才算得上是有德的呢?这是一个难题。庄子注意到了德和名、智和争的关系。可争的事物很多,如名、利、势等。在庄子眼中,德之所以失真走样,成为炫耀的标志,因为看重的已经不是德的本身,而是名了。人们之所以千思百虑,竭尽智慧,正是因为相互之间的争胜导致的。身外的名和智实际上都扮演着道具的角色,但并非什么好的出色的道具。因为它们正意味着人们的德行亏损和走样。如果这样分析,名和智往往会成为人生和国家的隐患。在这一点上,庄子继承了老子"绝学""弃智"(《老子》第十九章)的思想,对名和智持警惕和批判的态度。这种人生智慧或许会对今天沉湎名利而不能自拔的人有所启发。

闻在宥[1]天下,不闻治天下也。在之也者,恐天下之淫其性也;宥之也者,恐天下之迁其德也。天下不淫其性,不迁其德,有治天下者哉!(《庄子·在宥》)

【注释】

①在宥:自在宽容。

【今译】

只听说使天下安适自在,没有听说管理天下。说人人自在的原因,是担心天下扰乱了人的本性;说人人安适的原因,是恐怕天下改变了人的德行。天下之人不扰乱本性,不改变常德,哪里还用管治天下的人呢。

【时析】

这是庄子独特的居安思危思路和方法,有一定的参考价值。庄子在他的逍遥、齐物的思想指导下,在治理国家方面提出的某些具体措施虽然未必有现实可行性,但一些思路和论证方式却足以发人深思。比如治理国家,在庄子那里，决不是为治理而治理，而是为了形成安适自在的理想治国局面。强调对个人自在的确认，对独特精神的体会和涵咏，提防各种外在事物的引诱与变化；安适则更多地强调对德行的坚守和融会上。如果每个人都具有不迷本心、常德不易的品性，那么专门的管理人才就会显得无足轻重，甚至多余了。因为国家治理的理想局面已经形成。“在宥”虽是一种可望而不可及的美好理想，但毕竟是对人自已价值的明确肯定，它从道家独特的思想文化角度为理解和解决政治管理中的低效问题提供了有益的启迪。

古之得道者，穷亦乐，通亦乐。所乐非穷通也，道德[①]于此，则穷通为寒暑风雨之序矣。（《庄子·让王》）

【注释】

①德：当作“得”。《吕氏春秋·慎人》正作“道得于此”。

【今译】

古时候得道的人，穷困失意也很快乐，通达顺遂也很快乐。所感觉快乐的并不是穷困和通达本身，只要是身处道德，那么，穷困和通达就像自然界寒暑风雨的递变一样自然。

【时析】

古人的忧乐观很有特色。忧乐相对相伴，不断相互转化，共同构成多彩的人生。道家哲学提供给人们豁达的人生态度，不管个人是否顺意通达，都能感到人生的快乐，但是关键却是坚守道德，恪守人生的价值准则，这样，个人的穷达等命运变化都是规律的自然体现而已。这则语录告诉人们，穷通本身并不能带给人生快乐，快乐来源于契合自然的“道德”。

树葱韭者，择之则蕃；仁义亦不可不择也。惟善无基，义乃繁滋。敬[①]灾与凶，祸乃不重。（《尸子》）

【注释】

①敬：谨敬，重视。

【今译】

种植葱与韭菜的农人，经过捡择作物就茂盛；仁义也不可不捡择。只有善德无限，义才能繁兴。重视灾害与凶年，可减轻灾祸的危害。

【时析】

此处语段可核以《意林》，详可参见清代汪继培所撰《尸子校正》，它提供了一种比较明智可行的策略，就是重视道德选择和善德的培养。在众多复杂的伦理道德项目中，到底应该选择和实践哪些项目呢？“义”在《尸子》中占据着重要的位置，培养善德的目的不是其他，而是为了突出和形成“义”的修养和行为。其中包括的内容就有借鉴历史教训、防止祸患以避免灾害的重要思想。总之，该句在更加广泛的意义上肯定了善德的重要性和“义”的地位与价值，“居安思危”在这里不过是善德的一项德目和对“义”的实践而已。

凡为天下，治国家，必务本而后末。所谓本者，非耕耘种殖之谓，务其人也。务其人，非贫而富之，寡而众之，务其本也。务本莫贵于孝。（《吕氏春秋·孝行》）

【今译】

凡是治理天下国家，一定要求本而后末。所说的本，不是耕耘种植的农业劳作，而是重其人。重其人，并非贫穷的使其变得富有，寡少的使其变得众多，而是探求人的根本。求人的根本没有比孝行更加宝贵的了。

【时析】

这段文字分明是儒家的学说，继承了《论语·学而》中的思想。它启示人们，处理事情一定要抓住事物的根本，不要斤斤计较于细枝末节问题，所以，《吕氏春秋·本味》说：“求之其本，经旬必得；求之其末，劳而无功。”如果本末不分，结果迥然不同。治理国家要重视人的价值，而人的价值的关键在于是否有孝敬的品德。最终认为“孝”为治理天下的根本，这种认识对汉代统治者有深远的影响。尽管现代人未必非要拘泥于这种一家之言，但是分析处理问题抓住事物的根本则是很有价值和意义的。往往不少祸乱的产生就是因为本末观念倒置造成的。

义也者，万事之纪也，君臣上下亲疏之所由起也，治乱安危过胜之所在也。过胜之〔道〕，勿求于他，必反于己。（《吕氏春秋·论威》）

【今译】

义是万事的纲领，君臣上下亲属之所以区分的原则，也是治乱安危胜败的关键。胜败之道，没有必要旁求他人，一定要反求诸己，考虑自己行为是否正当。

【时析】

关于《吕氏春秋》的思想倾向虽然还有很多争议，比如道家、新道家、阴阳家、杂家等，尽管这些思想倾向在该著作中都有明显的印痕，学术界一般根据《汉书·艺文志》的概括，都将其视为杂家的代表作。特别值得注意的是，《吕氏春秋》对儒家的思想也有吸收和改造。这里，它认为决定事物最重要的根据就是"义"，它也是社会伦理的最终根源，是国家与社会兴衰治乱的关键。因为它将"义"上升到至高的地位，所以判断行为善恶及结果好坏，只需看它是否合乎"义"的原则就可以了。这里尝试从思想原则上反思安危转化的关键，是"居安思危"问题讨论中的一大进步，尽管"义"的具体内涵可能会有时代上的差异。当前，探讨行业管理和个人处世安危问题，不能不从问题的指导思想和原则出发，以简驭繁。是否合乎现代的"义"（包括正义、公平、公正）也是一个思考的维度。

凡治国令其民争行义也，乱国令其民争为不义也；强国令其民争乐用也，弱国令其民争竟不用也。夫争行义乐用与争为不义竟不用，此其为祸福也，天不能覆，地不能载。（《吕氏春秋·为欲》）

【今译】

凡是太平的国家鼓励百姓争相实践义的原则，混乱的国家鼓励百姓做违背义的原则的事情；强大的国家鼓励百姓享乐生活，弱小的国家鼓励百姓节约勤俭。争相实践义的原则、享乐生活与做不义的事、节俭寡欲，这是形成祸福的原由呀，天不能覆盖，地也不能承载。

【时析】

关公像

国家的政令之所以不同，是因为各自的实际情形和相应的措施不同罢了。实力的大小、政策的导向都会对人们的生活方式和行为准则产生深远而现实的影响。民风的纯朴、国家的秩序、理念的明确都和它紧密相关。因此，祸福的根苗就潜藏在这些因素中，是其他外力所不能移易改动的，作为自然的天地也没有办法，它毕竟是人们自己的行为导致的，应由人们自身来负责。

君子责人则以人，自责则以义。责人以人则易足，易足则得人；自责以义则难为非，难为非则行饰[①]；故任天地而有余。不肖者则不然，责人则以义，自责则以人。责人以义则难瞻[②]，难瞻则失亲；自责以人则易为，易为则行苟[③]；故天下之大而不容也，身取危、国取亡矣。（《吕氏春秋·举难》）

【注释】

①行饰："饰"读为"敕"，正。行饰，行为正直。②瞻：通"赡"，富足。下同。③苟：苟且，不守礼义。

【今译】

君子要求别人遵循为人的一般标准，自我要求则用严格的"义"的标准。采用一般的为人原则要求别人则容易达到，容易达到就容易与人相处；自己以义的原则严格要求自己就不容易犯错误，不容易犯错误自然行为正直；所以处理事务就会绰绰有余。品德不好的人对待人则不是这样，要求别人用严格的义的标准，要求自己则用一般的为人原则。用义的标准要求他人不易满足条件，不容易满足条件即使最亲近的人也无法相处；用宽泛的标准要求自己就容易轻举妄动，轻举妄动就会不守礼义；所以天下再大也没有容身之地，这也是身处险地、国临困境的原因。

【时析】

个人如何对待他人和自己，古代有不同的方式。待人待己宽严不同，后果也迥然不同。生活中，人们常说“宽以待人，严以律己”，宽容对待他人，就能发现别人身上的长处和优点，与人和谐相处，对待自己严格，就能防止一些错误的发生。但是，在生活中，往往有些人，待人苛刻，求全责备，而对自己却纵容姑息，结果既难以与人和睦相处，也容易迁就自己的不足和缺点，距离完满的理想和幸福的生活愈来愈远。所以祸福吉凶在如何待人接物中也可反映出来，即使生活中的细节也不能轻视。

夫仁义者，忧天下之害，趋一国之患，不避卑辱，谓之仁义。（《韩非子·难一》）

【今译】

所谓仁义，就是忧虑天下的祸害，为解决国家的灾难而奔走，即使有屈卑受辱的事也毫不畏避，这就是仁义呀。

【时析】

法家也讲仁义，但和儒家却有些不同。这种仁义是和国家天下的存亡联系在一起的，体现了一种博大深沉的忧患意识和责任感。为了达到目的，个人受到一些委屈和挫折也在所不惜。儒家虽也主张“兼济天下”，内圣外王，注重一方面加强道德修养，另一方面在社会实践中实现修身、齐家、治国、平天下的抱负。但是，儒家具有比较明确的处世态度，即“达则兼济天下，穷则独善其身”，相对而言，缺少以去天下患害为己任的悲壮感和决绝感。在今天，或许在行业管理中，注重目标管理时，应当提倡这种仁义精神，正因为其以无私的面貌出现，最终才能成其“私”，从而实现个人和管理的价值。

灾与福也，非粹在天也，又在士民也。呜呼！戒之，戒之！夫士民之志，不可不要也。（《新书·大政上》）

【今译】

灾难与福祉，不纯粹是由上天造成的，而是在于士人和百姓。呜呼！这是要谨戒的，谨戒的！士人和百姓的心志，不可不引导约束呀。

【时析】

在君与民关系问题上，贾谊强调统治者须以民意、民心作为管理政治的衡量尺度，检验君王贤明昏暗的并不是什么深不可测的天意，而纯然是“民命”。如果说有所谓的“天意”，也正是借民之视听表现出来，这也就是古代所说的“天听自我民听”。虽然这种说法还有天人合一框架下的神学气息，但是侧重人事、重视民本则是不言而喻的。居安思危的重点也就很清楚了，不是祈求上天的保佑和赐福，而是重视有知识和德性的士人与老百姓，并且注意引导他们的心志。

杖[①]圣者帝，杖贤者王，杖仁者霸，杖义者强，杖谗者灭，杖贼者亡……以李斯[②]、赵高[③]为杖，故有顿仆跌伤之祸。（《新语·辅政》）

【注释】

① 杖：依靠，仗恃。② 李斯（?—前208年），战国末年楚国上蔡（今河南上蔡西南）人，是秦代著名的政治家、文学家和书法家。③ 赵高（?—前207年），原籍赵国，是赵国王族远支族属，担任秦朝中车府令，兼行符玺令，并被秦二世胡亥封为丞相。

【今译】

倚靠圣人能成就帝业，依靠贤人能成就王业，依靠仁者能成就霸业，倚靠义者能逐渐强大，依靠谗人会自取杀身之祸，依靠奸贼小人会导致国家灭亡……以李斯、赵高为依靠，所以有困顿颠仆跌倒损伤的祸害。

【时析】

祸福吉凶与人关系密切。对于管理者来说，主要与所委以重任的人有关。任用了德行与才能出类拔萃的圣贤就会成就常人难以企及的功业，当然这也是从侧重用人的重要性角度而言，真正影响事业成败得失的似不仅仅只有这样一个因素。但是，因用人不当，轻信谄佞之言，做出错误判断和举动、进而导致国破家亡贻笑后世的例子，历史上也不胜枚举，如秦朝二代而亡就是一个可悲的例证。在现代社会中，虽然更多重视的是人的实际的干事能力和专业特长，但是这些人如具备仁德诚信等人文素养，则会成为该领域的诚信者和最终的佼佼者，因为良好的道德修养会使其成为团体的积极力量；相反，斤斤计较，拨弄是非，恶意经营，以致天怒人怨，影响团结，则是团体发展的消极力量，是应该及时予以剪除和调整的。

治以道德为上，行以仁义为本。故尊于位而无德者黜，富于财而无义者刑，贱而好德者尊，贫而有义者荣。（《新语·本行》）

【今译】

治理国家以道德为首选，个人行为以仁义为根本。因此，职位尊崇但是道德败坏，应该罢黜不用；财富殷实但是行为不端，应该遭受刑法惩处；地位低贱但是品德高尚，应该受到人们的尊重；经济紧张但是处事有度，应该享受荣宠。

【时析】

这段文字表面主要是谈论治国处世之道，重视道德和仁义，同时对四类具体的尊贵贫贱与道德仁义操守面貌迥异的人的社会命运进行了分析，其中蕴藏着“居安思危”的人生智慧和管理策略。对个人来说，才德兼备无疑是最理想的情况。如果才能平庸，职位显赫，德行卑陋，或者拥有雄厚的经济实力，但是不顾及国家法律和道德规范，行为乖张，不合法度，这两种情况中的人处境都会很危险。相反，加强道德修养，即使地位低贱，也不忘操持德行，或者生活贫困，待人接物却讲究礼让法度，这些人都在社会生活中积极体认和实现道德仁义的精神和规范，理应受到人们的尊敬和厚爱。所以，道德操守在社会生活中占据着重要的地位，它是人的社会性的基本标志，当然也关系到国家和个人的安危祸福。受经济条件影响和左右，行为不合道德仁义的内在要求，则是社会发展过程中的短暂和畸形现象。当然，现代社会的道德仁义虽然吸收了优秀传统文化的基本精神，并作为自己价值观念体系的有机构成成分，但自然不是守旧、复古的，而是与现实社会生活密切交融、相互联系的。

君者，民之源也。源清则流清，源浊则流浊。

（《韩诗外传》）

【今译】

君主是百姓效法的源头，源头清澈水流自然清澈，源头混浊水流自然混浊。

【时析】

《韩诗外传》卷五的这段话是有渊源的。《荀子》一书《君道》篇曾提到“君子者，治之原也。官人守数，君子养原；原清则流清，原浊则流浊”，强调君子的人格才是治理国家的根本，因为人们都像君子那样致力于礼义忠信，则百姓会效法，上下齐心协力，社会就会有序发展。君子所养的根本很重要，如果所涵养的不是礼义忠信，自然也不会成就君子的人格。在《韩诗外传》中则简明扼要地表述为君民的上行下效的关系问题，将这层意思表达得更清楚明白。俗话说“上梁不正下梁歪”，就是这个意思。但是在实际生活中，儒家的这种上行下效的原则往往容易出现问题，当不能完全在客观上实现榜样的作用时，则需要“循名责实”的法家思想，按照官员的职责名分来考核实际的政绩。

夫祸之来也，人自生之；福之来也，人自成之。祸与福同门，利与害为邻。（《淮南子·人间训》）

【今译】

灾祸的降临，是人自行招惹的；福庆的到来，是人自己成就的。祸患与福顺同出一个根源，利益与损害比邻而生。

【时析】

在中国古代思想文化史上，春秋时期就已经形成了“祸福由人”的思想观念，对思想史影响深远，《淮南子》就是一个典型的例子。人生和社会的方方面面都与人自身的行动联系在一起，是人的行动造成的。所以，祸患和福顺的最终根源在于主体自己。另外，关于祸福利害之间的辩证关系，《淮南子》受《老子》的影响很大。它启示人们，在社会生活中，应该有承担的精神，无论处于顺境还是逆境，都没有必要怨天尤人，而是首先在自己身上查找原因。另外，能够意识到吉凶祸福的形影不离关系，居安思危也才有扎实的依据，行动上也才会更加自觉。

治之所以为本者，仁义也；所以为末者，法度也。凡人之所以事生者，本也；其所以事死者，末也。本末，一体也；其两爱之，一性也。先本后末谓之君子；以末害本谓之小人。君子与小人之性非异也，所在先后而已矣。草木，洪者为本，而杀[①]者为末。禽兽之性，大者为首，而小者为尾。末大于本则折，尾大于要[②]则不掉矣。故食其口而百节肥，灌其本而枝叶美，天地之性也。天地之生物也有本末，其养物也有先后，人之于治也，岂得无终始哉！（《淮南子·泰族训》）

【注释】

① 杀：细小。② 尾大于要："要"同"腰"，腰身。

【今译】

治理国家可以作为根本的是仁义，可以作为枝末的则是法度。人们之所以郑重对待生存，因为它是根本；之所以认真对待死亡，因为它是枝末。根本和枝末，本是一体；虽然对待的态度不同，但反映的心性是一致的。先本后末称得上君子，以末害本则是小人。君子和小人的本性不是不同，关键是有先后差别罢了。同一草木植株，大的是根本，细的是枝末。对禽兽而言，大的是头，小的是尾。草木的枝末大于根本就会折断，禽兽的尾巴大于腰身就难以调转。因此吃饭虽从口入而全身受益，浇灌树木虽注入树根而枝叶茂美，这都是天地万物的本性。大自然生成万物都有根本差异，养育万物也有先后不同，人在治理国家问题上，难道能没有终始的区分！

【时析】

在中国古代人的思维世界中，天地万物原本一体，精神与生命相通。虽然，这种思维模式被引申到社会伦理领域衍生出一系列非理性的结论，但是整体上却能够开阔人的视野，给人以新的启发。《淮南子》极重视仁义，将它作为治理国家的根本，而法令制度则是相对次要的枝末。由《淮南子》对本末的分析和形象举例不难发现，本末本是一体，相互间可以贯通，不是割裂分离的，所以本末的区分和意义是在整体观照中形成和产生的。抓住事物的根本，不仅可以产生形成枝末，而且能够养育发展枝末，这种思想是值得肯定和继承的。在现实社会生活中，人们往往过于苛察事物的根本和枝末的差异，将二者完全对立起来，不能贯注为一个整体，造成头痛医头、脚痛医脚的现象。深入理解了本末之间的辩证关系，也就能够抓本振末，促使本末共同昌茂。《淮南子》认为“仁义”在治理国家中就处于这种根本的地位。“仁义”的内涵可以发展演变，但是人化(仁化)色彩浓郁的“仁义”，如果被赋予了新的时代特色，同样也能彰显出新的活力和生命力。

仁义者，为厚基者也，不益其厚而张其广者毁，不广其基而增其高者覆。(《淮南子·泰族训》)

【今译】

仁义，目的是为了加厚根基呀，不增加宽厚基础而只是一味扩大面积就很难成功，不扩大根基却不断增加高度就有倾覆的危险。

【时析】

这里形象地说明了加强基础和根本的重要。以建筑学的例子说明，极为生动，增加厚度，但是面积不扩大，就很难达到建筑的目的；不打好地基，就建筑楼台，增加高度，的确岌岌可危。在社会生活中，那些称得上人类道德行为的根本就是仁义，如果不加强仁义的修养和实践，其他的社会行为和事业就难以保证。今天，仁义的内涵自然有了时代的新的精神，但是作为传统和现代相融合的仁义对于人来说具有的意义依然不可否认。“人而不仁，不知其可。”一个人如果连最基本的社会道德素质都不具备了，就不能成为严格意义上的社会的人，因为仁义是人立身处世的根本。如果连这个根本都荡然无存了，其危险性自然不言而喻。

仁莫大于爱人，知[①]莫大于知人。二者不立，虽察慧捷巧，劬禄[②]疾力，不免于乱也。(《淮南子·泰族训》)

【注释】

①知：同“智”。②禄：通“碌”。

【今译】

仁没有比爱人更大的了，智没有比知人更甚的了。仁与智两者如果不能确立，即使明察、聪慧、迅捷、精巧，辛苦操劳，疲于奔命，也不免于乱亡的危险。

【时析】

《淮南子》的确受到了儒家思想的一定影响，比如在关于仁和智的理解和把握上。人们在生活中可以忙忙碌碌，殚精竭虑，甚至使用各种出类拔萃的聪明手段，但是，在《淮南子》作者眼中，这些都不是最根本的，如果听任这些外在的努力和技巧，最终也难逃厄运，这也是传统意义上肯定《淮南子》与道家有内在联系的证据之一。如果没有爱人的广博的仁爱之心，没有知人善任、取舍有度的明智之虑，就会丧失行为的目标和原则，也难以保证行为在理想的航线之内。在今天，仁和智依然是很重要的，对他人的关心，对民众的厚爱，对机遇的敏感，对人才的识别和使用，都会影响事业和人生的发展。

义者，人之大本也。虽有战胜存亡之功，不如行义之隆。（《淮南子·人间训》）

【今译】

义，是人的根本。即使有打胜仗、重振亡国的功勋，也不如实行仁义重要。

【时析】

这里通过对比强调了“义”对人自身和国家的重要意义。显而易见，人们一般会认为卓著的战功很显赫，但是可贵的是，《淮南子》发现人的行为和修养对人生和国家比短暂易见的功勋具有更加重要深远的意义。“义”在当时不仅指人们行为应该遵守的准则，而且也同时体现为一种人生修养和道德品质。对于国家来说，它会融入国家的法令，形成社会的规范和道德欲求。“义者，宜也”，义反映了人们的道德理想和行为规则。在今天，义包含了公平、公正、正义等丰富的内容。这句话的启示意义在于重新反思和检省道德价值在现实社会生活中的意义和作用问题，立竿见影的功绩与深远的道德素质比较起来，孰轻孰重？如何将注重道德修养的人的全面发展与社会的全面发展统一起来，在现在也是方兴未艾的课题。

《管子》[1]曰：“礼义廉耻，是谓四维。四维不张，国乃灭亡。”（《汉书·贾谊传》）

【注释】

①《管子》:战国时期托名管仲的一部作品,思想倾向以稷下道家和黄老道家为主。该句出自《管子·牧民》。

【今译】

《管子》一书说:"礼义廉耻,这可以称得上人生和国家的四个支柱。如果四个支柱张立不起来,国家就会面临灭亡的危险。"

【时析】

这里无疑是在强调礼义廉耻与国家治理的关系。在《管子》的作者看来,礼义廉耻是管理国家的四个基本要素,如果它们不能得到有效的贯彻和实施,就会形成纲纪废弛、政令不行的状况,国家就会面临混乱和不安。礼义廉耻在不同的历史阶段有不同的价值评判标准和历史内涵。今天,礼义廉耻也具有重要的现实意义,是社会成员和各领域管理者应备的基本人文素质,特别是当市场经济高度发达的时候,待人接物讲究礼义原则,重诚信,取舍有度,就会形成和谐的人际关系和良好的工作氛围,有利于社会文明的发展。

可爱非君,可畏非民?[①]天子者,有道则人推而为主,无道则人弃而不用,诚可畏也。(《贞观政要·政体》)

【注释】

① "可爱非君,可畏非民":一本作该句上有"《书》云"二字。原是《尚书·虞书·大禹谟》中舜告诉禹的话,意思是君可爱,民可畏。

【今译】

《尚书》中说:"大众所爱戴的不是君王吗?君王所敬畏的不是百姓吗?"作为国君,有道德,百姓就拥戴他;没有道德,百姓就会将他抛弃。这实在令人畏惧啊!

【时析】

这是贞观六年唐太宗与魏征谈论治理天下之道时的一番话。表面上语言浅显易懂,但较好地提炼了古代君主和臣民之间的复杂关系,也是符合历史实际的解说。《尚书》所说的“可爱非君,可畏非民”,虽然还有不同的理解,但是基本比较明确,它揭示了君主与百姓的被爱戴与爱戴、敬畏与被敬畏的关系。因此,才进一步引伸出是否有道德的截然不同的政治命运,总归为百姓“诚可畏”,充分注意到了老百姓的感受、好恶与处境对政治决策的巨大影响力。

为君之道,必须先存百姓。若损百姓以奉其身,犹割胫[①]以啖[②]腹,腹饱而身毙。若安天下,必须先正其身,未有身正而影曲、上理[③]而下乱者。(《贞观政要·君道》)

【注释】

①胫:小腿。②啖:食,喂。③理:此处与“乱”相对,整齐,有序。

【今译】

国家的管理者,一定要保全百姓。如果损害百姓的利益来奉养自己,就像割掉小腿上的肉来填充腹内的饥饿一样,感到肚子饱的时候,身体也早已行将死亡了。如果要使天下平安富足,管理者一定要先正己,没有身正而影子歪斜、上级整齐有序而下级杂乱不堪的道理。

【时析】

古代开明的君主在治理国家时也有一定的观念和思想,如民本观念,将安危问题寄托在是否得民心上。这里的比喻很形象,百姓与自己一体,利益、兴亡、安危息息相关,唇亡而齿寒。作为管理者,首先要关心百姓的疾苦,感同身受;其次是严格要求自己,在道德等方面做出榜样和表率。唐太宗李世民的这番话对今天各行各业的管理者来说也是有启发的,增强员工的集体责任感和使命感,管理者的表率作用是一种无形的尺度和砺石。

太宗谓封德彝[①]曰:“流水清浊,在其源也。君者政源,人庶犹水,君自为诈,欲臣下行直,是犹源浊而望水清,理不可得。朕常以魏武帝[②]多诡诈,深鄙其为人。如此,岂可堪为教令?”(《贞观政要·论诚信》)

【注释】

① 封德彝：隋唐时期著名大臣。② 魏武帝：即曹操(155－220)。“魏武帝”系追谥。

【今译】

唐太宗李世民对大臣封德彝说：“流水是否清浊，关键在于它的源头是否清浊。君主是政治的源头，百姓大众比如水，君主自己首先带头欺诈，想让下属行为品质端直严正，这就好像源头混浊而希望水清澈，从道理上是讲不通的。我常常认为魏武帝曹操奸诈诡怪，很看不起他的为人。这样的不诚信，难道可以作为治理国家的教令吗？”

【时析】

诚信是人类社会生活中的重要原则，也是社会成员必备的起码的道德素质。在社会管理中，诚信也是人们基本的行为准则。唐太宗反对采用法家或道家的欲扬先抑、声东击西的办法，尽管它很有策略性和艺术性，也在某种程度上能实现了解真实情况的目的。但是，难能可贵的是，李世民看到作为天下百姓的表率，统治者如果率先作伪造假，那么对百姓就会有影响，所以，他坚决反对并鄙视以谋略和奸诈见长的曹操。他当时提出的“君者政源”的看法，勇于反思自己，严以律己，努力发挥表率的作用，大力倡导“诚信”的信念，这些都是很可敬的。对于现代的领导者和管理者来说，注意率先垂范，以身作则，多从自己身上反思问题产生的深刻根源，也是提高和增强团队凝聚力、增强成员归属感的重要途径。

任善人则国治，用恶人则国乱。（《旧唐书·魏征列传》）

【今译】

任用品德善良的人国家则会太平，任用心胸险恶的人国家则会混乱。

【时析】

国家是安是危，与所使用的人才的品德有一定的关系，尽管人才并不是国家安危问题的唯一因素。在古代的贤人政治中，品德高尚就会获得他人的信服、百姓的爱戴，天下也会井井有条，达到大治的局面。实际上，影响现实社会的因素很多，道德只是其中的一个方面，而不是全部，但是，关心道德修养与社会治理的内在联系，的确是古代在“居安思危”问题上的一贯思路。

非兔狡，猎狡也；非民诈，吏诈也。慎勿怨盗贼，盗贼惟我召；慎勿怨叛乱，叛乱禀我教。不有和睦，焉得仇雠；不有赏劝，焉得斗争。是以大人无亲无疏，无爱无恶，是谓太和。（《化书·太和》）

【今译】

不是兔子狡诈，而是猎人狡诈；不是百姓奸诈，而是官吏奸诈。谨慎小心不要怨恨盗贼，盗贼是我所招致；谨慎小心不要怨恨叛乱，叛乱者也曾经秉承我的教化。没有和睦，哪里来的仇雠；没有鼓励奖赏，哪里来的争斗。所以有道德的人超越了亲疏爱恶的偏狭和执著，这样才能称得上是达到了"太和"的境界。

【时析】

这里根据道家的思想智慧提出了一种思考问题的独特方式，是发人深思的。关于祸乱问题，虽然在《左传》中已经明确地指出祸乱由人的思想，但是并没有进行充分的展开和论述。《化书》则进行了比较细致的分析，它看到事物矛盾的两个方面，与常人不同的是，克服了从主体一方简单思维的倾向，而是注意到对方及事态发展与主体的内在联系。比如，通常人们理解兔子狡诈，实际上，兔子本无所谓狡诈与否，它只是呈现在捕猎者脑海中比较狡诈而已。同样，事物是相反相成的，偏执于矛盾的任何一方都会得出片面的结论和认识。因此，《化书》定义"太和"的境界是超越任何偏执和执著的样态，也就是不拘泥于亲疏爱恶等分别心的终极效果。在今天，从思维方式角度对如何认识处理复杂的矛盾纠纷也是有参考价值的。

官大者，往往交赂遗、营赀产，以负贪污之毁；官小者贩鬻，乞巧，无所不为。（《王安石文集·上皇帝万言书》）

【今译】

官职高的，往往相互贿赂财物，购置资产，背上贪污的骂名；官小的买卖牟利，巧言求告，没有什么事不能做出来。

【时析】

这是宋代王安石在给仁宗皇帝上书中揭示的当时吏治腐败的境况，的确触目惊心。所描绘的情景也是后来在神宗时期王安石立志变法、富国强兵的原因之一。虽然王安石主持的熙宁变法因为种种原因最终失败了，但是至少揭示了国家积贫积弱的一个重要因素就是吏治腐败。当官员以权谋私、争名夺利、相互勾结、飞扬跋扈的时候，就很难能承担起管理事务、恪尽职守的职责，反而会成为社会的痼疾和毒瘤，给国家管理和社会和谐造成不必要的障碍。

天下之患，莫大于士大夫无耻。士大夫至于无耻，则见利而已，不复知有他，如入市而攫金，不复见有人也。（《宋文鉴》）

【今译】

天下最大的祸患，没有比士大夫不顾廉耻更严重的了。士大夫不顾廉耻，就会唯利是图，不再知道还有其他更有价值的追求，像进入闹市夺取金银，不再顾及周围还有人一样。

【时析】

这是宋代洛学程门四大弟子之一游酢对北宋以来风俗浇薄、见财忘义现象的批评。虽然士大夫的具体身份在当今现实社会中不存在了，但是在具有以天下为己任的责任感、重视道德修养和践行的知识分子以及从事各种各样管理的人才身上，还或隐或显地流露出某种士大夫的情结。因此，这番话对于观照现实生活中的形形色色现象也有帮助。如果一个人连基本的廉耻荣辱感都不具备了，评价事物的是非曲直标准就会发生变化，直接影响主体的行为。比如在经济高度发达的时候，如果以利作为取舍的唯一标准，不兼顾正义、公平、公正，就会滋生各种腐败的权钱、财色、名利交易现象，贻害无穷，也是金钱至上与异化的一种表现。

敬胜怠者吉，怠胜敬者灭；义胜欲者从，欲胜义者凶。凡事不强则枉，不敬则不正。枉者灭废；敬者万世。（《路史》）

【今译】

如果谨慎小心超过了懈怠松缓就会获得好的结果，懈怠松缓超过了谨慎小心则要招致危险的后果了；义的信念战胜了欲望事情就会顺利如意，欲望战胜了对义的追求事情就会艰难不利。凡事不努力就会发展曲折，不谨慎就很难正确进行。发展曲折的自然难逃破灭废弃的危险；谨慎小心的则会长久流传。

【时析】

事物的存亡祸福，影响因素很多。客观与主观、客体与主体，是诸多因素共同作用的结果。但是，在这些因素中，主体因素的决定权在于主体自身，如谨敬与懈怠、义与欲等。态度认真，做事谨慎，就有可能避免一些不必要的危险和祸害，促成事物的顺利发展。行为相反，其结果也相反。所以，加强自身的修养在居安思危问题中占据着重要的地位，是不能掉以轻心的。

国虽大，好战必亡；天下虽平，忘战必危。矢以仁义，扰以信礼，故投之死地而后生。知彼知己，故亡敌于天下[①]。(《路史》)

【注释】

① 亡敌于天下："亡"通"无"，即"无敌于天下"。

【今译】

国家虽然强大，但是如果喜好发动战争也一定会遭致灭亡的命运；天下虽然太平，但是如果忘记了战争的教训也必然岌岌可危。用仁义的道德来坚定人们的理念，用信礼的规范来节制人们的行为，即使身置危险的境地也能复兴。对自己和对手都了如指掌，才能无敌于天下。

【时析】

在中国古代军事思想中，"战"只是一种"器"，而且基本是"凶器"，无论战争胜负都会对国家和民族带来各个方面的灾难。所以，战争只是手段而不是目的。沉湎于战争，国家的各种负担会增多，国家也必定会衰弱。但是，在太平的环境下，如果缺乏忧患意识，缺乏基本的军事防备，一旦有意外事件，国家也难以在仓猝之间应对自如，也就会暗藏着极大的危险。军事忧患意识不能停留在口头上，而是要付诸实施。比如，仁义信礼等在道德观念和行动规范上就具有很强的规约功能，有助于提高忧患意识、应变能力、纪律性和战斗

力。

天下难治，人皆以为民难治也，不知难治者非民也，官也。（《潜书·柅政》）

【今译】

天下之所以难以治理，人们都以为是老百姓难治，实际上却不知道难治的并不是老百姓，而是官员呀。

【时析】

中国古代的政治智慧，在居安思危和以民为本基本观念的指引下，对官、民在国家治理中的重要性和角色也有比较明确的认识，尽管诸子各家关于这个问题的看法还不尽相同。大体上，官既是民的管理者、监督者，同时也是民的示范者、教化者，所以往往有人不甚恰切地把治理国家的过程称为“牧民”的过程。如果说老百姓的动向、行为有了过失，则要审察官员是否尽到职责。在管理中出现问题，一味责备百姓是不明智的，首先要从官员也就是吏治上入手。老百姓因为身轻名微，很难享有官员所享有的权力及其衍生的各种资源，所以，如要兴风作浪，造成巨大祸患，以致尾大不掉的致乱者最终依然是官员。加强对官员及其从政能力的考核和监督，不仅是历史上历代统治者曾经努力探索和解决的问题，而且也是具有超时空性与现代价值的现实问题。

官多，则禄不得不薄；禄薄，则侵上而虐下，为盗臣，为民贼。故养民之道，必以省官为先务焉……多官害民。（《潜书·省官》）

【今译】

官员冗多，薪水就不得不微薄；薪水微薄，就会产生侵上欺下的争利行为，成为盗臣，成为民贼。因此养育百姓的方法，一定要以精简官员作为首要任务……官多了一定会妨碍百姓。

【时析】

在国家财政支出相对稳定的情况下，增加官员职位与俸禄薪水的开支无疑成反比。唐甄深刻地揭示了这种矛盾性，并且指出，为了满足利欲，官员会瞒上欺下，甚至侵损上下的利益来满足自己的需要。如果设置的职位形同虚设，名不副实，人浮于事，官多兵少，反而不利于提高工作效率和创设和谐安定的工作环境。如果官员可有可无，尸位素餐，反而是管理的赘瘤，是应该去除和精简的。在管理中，担任管理的人员一般与下属会形成一定的比例，具有明确的权利责任、工作内容和考核标准，才有助于提高工作效率。总之，“多官害民”是简易而深刻的判断，也是惨痛的历史教训。

防微杜渐

世之治也，君子尚能而让其下，小人农力以事其上，是以上下有礼，而谗慝黜远，由不争也。谓之懿德。及其乱也，君子称其功以加[1]小人，小人伐[2]其技以冯[3]君子，是以上下无礼，乱虐并生，由争善也。谓之昏德。国家之敝，恒必由之。（《左传·襄公十三年》）

【注释】

①加：凌驾。②伐：自夸，自吹自擂。③冯（píng）：通“凭”，凌驾。

【今译】

社会安宁太平，德才出众的君子推崇贤能，谦让卑微，百姓竭力耕作，侍奉官长，所以上下之间彬彬有礼，谄佞奸邪便会远离或被废黜，原因正是注重礼让、不相互争夺的缘故。这称为美好的“懿德”。等到国家秩序紊乱，君子称誉自己的功劳，傲视百姓，百姓自夸自己的技能，并借以凌驾于君子，所以上下之间不修礼义，混乱暴虐相并而起，原因在于争夺功劳。这称为黯淡的“昏德”。国家败亡，通常情况下一定会因之而起。

【时析】

这段文字比较复杂，当然在春秋时期盛行礼义，被称为礼乐文明。其基础是上级和下级和谐相处，相互谦让，各司其职，各负其责，即使有些奸佞邪恶现象也难以容身。但是当历史发展到一定阶段，人们相互倾轧，争相邀功，以己之长比人之短，社会秩序紊乱，丑恶现象便容易滋生。

夫有尤物，足以移人。苟非德义，则必有祸。（《左传·昭公二十八年》）

【今译】

世上美妙诱人的事物，足可以改变人的心志。如果修养还没有达到一定的境界，内在的德义还没有形成，就一定会招致祸患。

【时析】

中国古代因沉湎于各种各样美好的事物而一蹶不振的例子很多，美色、美器、美食、美服等满足人感官的外在因素，如果浸润到人的内心，就会改变人的心智和志向，引起人的留恋，从而使人忘却本身的责任和使命，难怪古人认为“高飞之鸟，死于美食；深泉之鱼，死于芳饵”（《吴越春秋》卷九）。孔子就提醒人们说：“巧言令色，鲜矣仁。”那些花言巧语、美轮美奂的外表，恰恰反映了人德性的缺失。孔子的话虽说得过分了一点，但无论如何是注意到了美的事物和内在的仁德有相冲突的一面。因此，这里提到如果修养不够，难以驾驭那些尤物，甚至反受制于它们，那么，祸害就不远了，这一论断的确是入木三分。

善不积，不足以成名。恶不积，不足以灭身。小人以小善为无益而弗为也，以小恶为无伤而弗去也，故恶积而不可掩，罪大而不可解。（《周易·系辞下》）

【今译】

如果不积累善德，自然不能够成就美名。如果不积累恶行，自然不能够伤害自身。没有才德的小人认为细微的善德无关紧要而不愿尝试，认为细微的过错无伤大雅而不加改正，因而恶行逐渐累积以致不能掩藏，罪恶滔天以致无法化解。

【时析】

这几句箴言是三国时期“无以善小而不为，无以恶小而为之”的先声。在佛教传入中国之前，中国原本的因果报应思想并不明显，虽然这种思想在现代社会也没有丧失殆尽，而且往往是人们在无法解决现实矛盾的情况下寄托美好愿望的一种方式，希望善恶有报，人们的德行和结果应该一致，但这毕竟是一种理想的预设，而远不是现实的写照。《系辞下》的这番话显示了中国古代思考此类问题的独特角度，主张善恶都可积累，由小而渐大，美名和恶祸就是这样造成的。同时强调如果不有意识地积累善德,去除恶行,日积月累,最终将会造成难以解决的尴尬局面。这些提醒对现代人反思伦理的价值和意义都是有帮助的。

子曰:“以约失之者鲜矣。”(《论语·里仁》)

【今译】

孔子说:“因为对自己节制、约束而犯过失的情形很少。”

【时析】

孔子的本意,按照杨伯峻先生的解释,是与其放纵,不如拘谨。人们放纵时,容易犯大错,而拘谨则不易犯大错,因为有些事情不敢贸然而为,因而也不会带来什么过错。对自己多加以节制和约束,就不会犯太多的过失。随着社会工业化的到来,人们太多的欲望既驱动了经济和社会的全面发展,同时也导致了一系列发展中的问题,如环境破坏、资源耗费、精神压力太大、心理问题严重等,而这些最终要追根到人的欲望的极度膨胀。如果现代人能从孔子这段话中汲取智慧,克制自己过分的欲望,人生和社会的发展持续性可能会更强,也能避免一些不必要的弯路。

子游曰:“事君数[①],斯辱矣;朋友数,斯疏矣。”(《论语·里仁》)

【注释】

① 数(shuò):屡次,密。

【今译】

子游说:“对待君主过于殷勤,就会招致侮辱;对待朋友过于繁琐,反会被疏远。”

【时析】

这是事与愿违的典型事例。每个人都会有自己相对独立的空间,在为人处事中应注意坚持把握事物的分寸,物极必反。过于殷勤反而容易惹起人的反感,招致怨恨,结果难以建立和谐的上下级或朋友关系,虽然是日常小事,也不得不注意。

子曰："放[1]于利而行，多怨。"(《论语·里仁》)

【注释】

① 放：同"仿"，指依据、依照。

【今译】

孔子说："依照个人的利益行动，(会招致)很多的怨恨。"

【时析】

人们行动的驱动力是多种多样的。完全按照个人的利益来安排自己的行为，则很难避免患得患失、计较名利的问题，这样，就会忽视在一个相互联系、相互影响的社会群体中他人的利益和价值。因此，在中国古代虽然不缺乏"重利"的言论，但占据主导地位的则是反对孤立地分析和看待"利"，主张将"利"与"义"联系起来。只有在面对"利"的时候，人们如果能够觉察"利"背后还有一个价值的准则"义"的问题，那么，哪些利是可取的，哪些利是应舍弃的，自然很分明。孔子视名利如浮云，孟子重视重义前提下的兼得等等，都是在反思人如何更有价值更有尊严地存在和行动。如果一个人唯利是图，不考虑追求的效果和后果，与他人、社会、国家甚至自己发生这样那样的利益冲突，怎么能不招致怨恨和惩罚呢？

不尚贤，使民不争；不贵难得之货，使民不为盗；不见[1]可欲，使民心不乱。(《老子》第三章)

【注释】

① 见：同"现"，呈现，炫耀。

【今译】

不标榜贤才良能，让人们不争取功名；不珍贵稀罕的财宝，让人们不做盗贼；不炫耀使人满意的事物，让人们的内心不惑乱。

【时析】

这段话表明了《老子》对名利及物质的看法。老子主张人和社会应该恢复自然的朴拙状态，去掉机心过分的心智和贪图，才能减少社会的混乱和冲突，也才能最终减少个人的不幸。在老子眼中，名位和财物容易引起人们的争逐和贪欲,导致人巧诈伪作。人们熟悉《老子》"无知""无欲"的思想,其实,这个思想并不等于将一切全部的"知""欲"都排除净尽,而是着眼于消解巧伪的心智和贪欲的扩张,恢复人内心的自然和生活的纯朴,最终使人们远离祸患。《老子》对待名利的观念虽然未必尽为现代人所接受,但是,在物质文明高度发达的今天,反思名利的负面效应,老子思想常常是人们回归的精神家园。当名利财货成为限制人返回自然本性、达至自由境界的累赘,甚至成为惹祸之本时,老子的睿智就更值得反思和借鉴了。

圣人[①]后其身而身先,外其身而身存。非以其无私邪?故能成其私。(《老子》第七章)

【注释】

①圣人:先秦典籍中诸子各自都有称道的"圣人",所指往往有差异。这里的圣人指修养很高与"大道"同一的人。

【今译】

有道的人往往把自己放在后面(不争),但是却能赢得爱戴;把自己置之度外,反而能保全自己。难道不正是因为这种不自私吗?反而却能够成就自己。

【时析】

老子理想中的圣人没有贪欲和私念,处事不争但却能赢得人们的拥护,不优先考虑自己却往往能保全自己。其中包含着可贵的谦退精神和顾全大局的观念。在现实生活中,如果不贪图私利,处处为别人着想,最终自己的理想也能实现。与那些争名夺利,处心积虑地经营个人名利事业的人相比,这种智慧的优点是在保证大多数人的利益不受损害的情况下使个人理想得到最大实现,思想和策略更加深邃。相反,直接的唯名利是图,与祸患危险相伴,往往那些名利也就最终成为空中楼阁或人生祸端了。

何谓贵大患若身?吾所以有大患者,为吾有身,及吾无身,吾有何患?(《老子》第十三章)

【今译】

什么是像重视身体一样重视大患?我之所以有大患,因为我有身体,如果等到我没有这个身体了，我还有什么大患呀？

【时析】

这体现了老子的深刻思维和宽阔心胸，在今天依然有重要的参考价值。各种忧患、祸患之所以会发生，是因为主体的存在，“患”和“身”的关系，正如毛和皮的关系一样，“皮之不存，毛将焉附？”如果离开了这个身体之本，各种各样的“患”又怎样来显示自己呢？所以，有“患”的意义就是证明“身”还存在。重视身体，就要重视这些“患”，它们同等重要。老子这番话在老子学史上经常被人误解，人们将它理解为老子有“轻身”“弃身”的思想。实际上这些看法是不符合老子思想实际的。老子提问的时候就说得很清楚，“贵大患若身”，身体要珍视，大患也不能掉以轻心。如果轻视自己的身体，不加修持，那无疑自取灾祸。所以，老子对大患的重视具有浓厚的警惕意味。《易传·系辞下》里指出的“安而不忘危，存而不忘亡”也说明了这一点。“重患”才可以“无患”，也是符合老子的思维方式的。

见善如不及，宿[①]不善如不祥。苟向善，虽过无怨。苟不向善，虽忠来恶。故怨人不如自怨，勉求诸人，不如求诸己。声自召也，类自求也，名自命也，人自官[②]也，无非己者。操锐以刺，操刃以击，何怨于人。故君子慎微[③]。（《文子·上德》）

【注释】

①宿：居处。②官：效法，取法。③慎微：谨慎于事物细微处。

【今译】

见善如不及，居不善如不祥。如果向善，即使有过失也不会招致怨恨。如果不向善，即使忠诚也会招致邪恶。所以，埋怨别人不如埋怨自己，勉励求助于别人，不如求助于自己。声音是自己呼喊的，朋友是自己追求的，名字是自己命定的，人们是自己取法的，没有不是自己做的。操持着利器自刺，拿着利刃自击，怎么能怨恨别人。所以君子常谨慎于事物细微的地方。

【时析】

处理事务取决于自己的态度，特别是对待善恶的态度，人们的道德感与是非观念在这个过程中逐步形成。所以，主观的追求和心性的修养很重要，

在良好动机指导下，即使结果未达到目的，人们也容易谅解。人们的行为和后果都是自己赋予的，所以不能怨天尤人。在自己身上找原因，才是切实的办法。反省自己，当然不能放过那些细微的地方。

水之性欲清，沙石秽之。人之性欲平[①]，嗜欲害之。唯圣人能遗物反己。是故圣人不以智役物[②]，不以欲滑和，其为乐不忻忻[③]，其于忧不惋惋[④]，是以高而不危，安而不倾。（《文子·道原》）

【注释】

① 平：平静，平正。② 以智役物：以，因为；役物，即役于物。不因为聪明才智而被物欲所役使。③ 忻忻：同“欣欣”，高兴的样子。④ 惋惋（wǎn）：悲哀而心痛的样子。

【今译】

水的本性是想清澈，但沙子和石头污染了它。人的本性是想清静，但嗜好和欲望侵害了它。只有圣人才能脱离外物的浸渍而返归到自己的本性。因此圣人不会因为聪明才智而被物欲所役使，不会因为欲望而扰乱恬淡安适的心境，对于快乐的事并不感到高兴，对于忧愁的事并不感到悲哀，所以身居高位而不危险，身处安全的地方而不倾覆。

【时析】

《文子》在对《老子》思想的进一步阐释中，突出强调了从欲失性的危害性。当然，这里的性和欲是相对的，事物的本性与欲望之间存在着矛盾。只有反思欲望，回归人的本性，心境才会坦然自在，才不会蝇营狗苟于世间的繁杂琐碎，周围的成败得失对人的心性才不会产生制约和影响，这样或许可以为解决现代人所面临的“异化”困境提供一种有效的办法。在社会生活日渐加快的情况下，身不由己的事情会愈来愈多，当人觉得自己不能主宰自己，而成为他人、社会、工作甚至某种情绪的表征时，人独特的价值和地位失落了。反思自己、倾听心灵真实的声音、回归真我，才是解决这种深沉忧患的途径。

苟为不蓄，终身不得。苟不志于仁，终身忧辱，以陷于死亡。（《孟子·离娄上》）

【今译】

如果平常不积蓄，终身都得不到。如果不能立志行仁政，终身都会遭忧受辱，以至于面临死亡的危险。

泛舟图

【时析】

居安思危关键在于平时就注意积极推进有利的因素，克服不利的因素，不断积蓄。如果缺少日常的积累和训练，面临祸患就很难自如应对，处境就会比较被动。在孟子看来，行仁政就是日常逐渐积蓄德行和实力的过程。对于现代人来说，事业的辉煌决不是一朝一夕突然出现的，而是有一个日渐积累的过程，或许这个过程会被以这样那样的方式缩短，但它毕竟客观存在。

祸之始也易除，其除之不可者，避之。及其成也，欲除之不可，欲避之不可。治于神[①]者，其事少而功多。干霄之木，始若蘖[②]，足易去也；及其成达也，百人用斧斤，弗能偾[③]也。（《尸子·贵言》）

【注释】

①神：事物本质处，往往也即本质转变的关键，所以也被称为隐微玄妙的地方，也就是“神”。②始若蘖：若，应作“或”解，全句义为“刚开始或发芽的时候”。③偾：倾倒，倒覆。

【今译】

在祸患萌发的时候比较容易消除，如果不能消除，就避开它。等到它发展成熟，想除除不掉，想避避不开。在事物还处于比较幽微的时候采取措施，费力少，功绩多。参天的大树，刚开始或发芽的时候，用脚就可以把它去除掉；等到长成大树，即使一百个人用斧子去砍，也不能把它砍倒。

【时析】

这是说“祸患常积于忽微”，事物都在不断发展变化，如果不及时去掉恶的因素和习染，等到它们成长到一定时候，就难以收拾了；“智勇多困于所溺”，往往因为姑息迁就，而不能自拔，甚至受制于自己所姑息的事物，这是很不明智的。这种观念影响深远，在不同时代都有学者强调，给人们社会生活带来了明确的指向。如《韩诗外传》卷九强调“祸起于纤微”，《汉书·张汤传》说“累积纤微”等，都揭示了这种量变到质变的合乎规律的历史发展过程，同时也提醒人们不能忽视暂时看起来很细微的不足和缺点。在今天，它依然有教育和启发意义。

小罪胜，大罪因。（《司马法·定爵》）

【今译】

小的过错如果得逞了，大的过错就会接踵而至。

【时析】

这也是强调防微杜渐的道理。小的错误如果不及时采取果断措施，就可能会给人以错误的暗示和信号，所以，姑息宽容小错本身的影响或许并不危险，危险的是它可能给大错误的滋生铺设了道路。

无为名尸①，无为谋府，无为事任，无为知主。体尽无穷，而游无朕②。尽其所受乎天，而无见得③，亦虚④而已。至人之用心若镜，不将不迎，应而不藏⑤，故能胜物而不伤。（《庄子·应帝王》）

【注释】

①尸：主。名尸，即名之主。②朕：兆。无朕，即无物之初。③无见得：不自现所得，不自我夸耀。④虚：心境空明的样子。⑤不将不迎，应而不藏：形容顺应自然，不奋私智，不怀私虑，坦然自在。

【今译】

不要成为名的奴隶，不要成为智虑的渊府，不要为妄行所劳碌，不要被智巧所牵制。体会无穷的大道，心游无物朴寂的境域。穷尽源于天的自然本性，但却不炫耀显露，只是心境空明罢了。理想的至人用心就像镜子一样，随应外物的来去而不加迎送，如实地呈现而不作丝毫隐藏，因此，能够胜于物而不会被外物所损伤。

【时析】

在现代生活中，人们往往难以摆脱各种困惑和欲望，名利、智谋、工作、心术，各种困扰纷至沓来，渐渐地空明的心境日益远去，名利、智巧、事务、权变充斥心头，应接不暇，在忙碌中悄然滋生各种危机，最主要的是对生命价值与人生意义感到茫然和迷惘。庄子所给予人的智慧，是如何应接外物但并不受外物所累，保持心境的自然安适、空明自在，这样可以减少祸患的发生。现代人所面临的各种“异化”问题，也可以获得解决的思路和智慧。聆听真实心灵的声音，叩响善良本性的门扉，以简驭繁，不迷失自我，不为外物所左右牵制，心境澄明净澈，这或许是一种大自在吧。

天下每每大乱，罪在于好知。故天下皆知求其所不知而莫知求其所已知者，皆知非其所不善而莫知非其所已善者，是以大乱。（《庄子·胠箧》）

【今译】

天下常常大乱，过错就在于喜好智巧。所以，天下人都知道追求所不知道的，却不知探求已经知道的，都知道指责那些认为不善的，却不知道非难那些认为善的，因而天下大乱。

【时析】

《庄子》中的智慧有时让人不得不冷静下来思考，摒弃喧嚣的外界的影响。在庄子眼中，违背人们本性的智巧往往会带来祸患。这种看法或许并不为所有现代人认同，但它突出了智巧带来的“机心”，在机械等物质条件的影响和诱惑下，物质对人的“异化”不同程度地存在着。庄子是较早注意到这种现象的哲人之一，在今天依然有发人深思的作用。他认为，正是人们难以克服日益形成的思维定势导致了各种纷扰的产生。人们将求知的目标放在未知的领域，而忽略了对已经掌握的道理的反思；相互之间争论，每每自以为是，不断批评那些所谓不善的事物，但是从来缺少对自己认为比较满意的事物进行冷峻的反思。所以，在《庄子》那里，提醒人们道德为本、智巧谋略为末，高明的政治家要注意谋本不谋末。

世俗之人，皆喜人之同乎己而恶人之异于己也。同于己而欲之，异于己而不欲者，以出乎众为心也。夫以出乎众为心者，曷常出乎众哉？因众以宁所闻，不如众技众矣。而欲为人之国者，此揽乎

三王之利而不见其患者也。此以人之国侥幸也。几何侥幸而不丧人之国乎？其存人之国也，无万分之一；而丧人之国也，一不成而万有余丧矣。（《庄子·在宥》）

【今译】

世俗人，都喜欢别人和自己相同而厌恶别人和自己不同。与自己相同就盼望，与自己不同则厌烦，将超乎众人作为重要心愿。其实如果存有着超乎众人的心理，何尝能超出大众呢？只是因为大众的意见与自己相同而心安理得，其实不如众人的才智太多了。那些试图为国君治理国家的人，正是贪图三代帝王的利益但却没有考虑到他们的祸害。这是用国家来图谋自己的侥幸。有多少因这种侥幸而不丧失国家的呢？依靠它保存下来的国家，没有万分之一；而丧失国家的，没有一次成功的机会而万分有余地要丧失呀。

【时析】

“和而不同”是中国文化的优秀传统和精华之一。在普通人那里，求同而忽视不同的存在和意义，借以加强自己的自信和趋同感，是缺乏个性和自信的表现，长期下去，渐渐地会失去鲜明的个性和自己独特的价值，这是很危险的。在庄子看来，治理国家的人实际上也免不了这种求同性，如果以上古帝王作为榜样，也是在与古代寻求某种相同和一致，根本原因是受利欲的驱动，往往会注意自己希望看到的利，而难以发现自己应该注意但却心觉厌恶的祸害，所以本质是一种侥幸。庄子通过对比的方法使人们领悟到同与不同、利与不利相即不离的关系。如果要摆脱祸害，除看待事物要求全面外，还需要克服内心深处求同的欲望和倾向。

使治乱存亡若高山之与深谿，若白垩之与黑漆，则无所用智，虽愚犹可矣。且治乱存亡则不然，如可知、如可不知，如可见、如可不见。故智士贤者相与积心愁虑[①]以求之，犹尚有管叔、蔡叔之事与东夷八国不听之谋。故治乱存亡，其始若秋毫。察其秋毫，则大物[②]不过矣。（《吕氏春秋·察微》）

【注释】

①愁虑："愁"同"揫"，聚集，积累。"愁虑"也即"积心"，积聚心思。②大物：物犹事。大物即大事。

【今译】

如果治乱存亡像高山与深谷对比得那么分明，像颜料白垩与黑漆区分得那么清楚，就不需要费脑筋了，即使普通的人也可以判别处理。实际上治乱存亡的问题远没有这样简单，其中有可知的、可不知的，可见的、可不见的内容，很复杂微妙。因而才智超众的人都互相挖空心思探寻其中的奥妙，尽管这样努力，还是有诸如西周初年的管蔡叛乱与东夷八国离心离德的事情。所以，治乱存亡，开始时候往往很细微，就像秋天鸟儿的毫毛，不易觉察。但是如果能够觉察这种细微的开端，大事便不会有过失了。

【时析】

治亡存乱问题说起来简单，做起来并不容易。无论大到国家，小至个人，这都是亟需关注的问题。因为存亡祸福并不像一般人想象得那么浅显、简明，如果事物一开始无一例外地指明祸福发展的道路，世界会变得何等简单和苍白，历史上也就不会出现那么多悔恨不已的教训和怵目惊心的惨剧了。特别是在影响事物发展转折和关键的环节，祸福的征兆和萌芽往往很隐微，睿智的人或许会有所觉察，并积极采取相应的措施加以促成或预防，自然不会发生大的过失了。这里，所阐述的事物发展有"机"可寻的思想，在当前现实生活中也会有深刻的启示价值。

欲不正，以治身则夭，以治国则亡。（《吕氏春秋·为欲》）

【今译】

如果欲望不正当，按照它来修养身心不会有显著效果，依凭它管理国家也很难有什么理想的局面。

【时析】

这段话一般怀疑出自兵家学者之手。兵家运用奖惩赏罚措施来管理国家和军队，其根据是人的欲望有趋福避祸的自然需求。但如果遇到那些主张"无欲"的学者，这种主张就会碰壁。尽管我们不能轻意评论某种学说的优劣，但是从个人欲望的角度谈及修身的成败与治国的兴衰，足见欲望影响之大。如果从整个社会欲望的发展趋向角度观察一个时代的变革风气，或许也不无道理。

圣人见微以知萌[1]，见端[2]以知末。故见象箸而怖，知天下不足也。（《韩非子·说林上》）

【注释】

①萌：一说作“明”。②端：端始，事物刚兴起的萌芽。

【今译】

德才超俗的圣人由事物的隐微就可以探知事物发展分明后的状况，看到了开端就能推测到结果。所以见到用象牙做的筷子就心神不宁，已经感知到天下贫困的局面将要到来了。

【时析】

这里谈论了见微知著的道理。之所以可以由微知著，是因为微与著之间存在着必然的因果联系。韩非子所引用的事例是殷纣王使用象牙筷子而王叔箕子深感大祸临头。筷子虽然事小，但牵一发而动全局。筷子档次提高了，与筷子搭配的碗盆、食物、衣服、住处等都会相应发生变化，奢靡之风就会悄悄兴起，所以财物不足已经是很难避免的了。因此，应该端正自己细微的活动，不姑息迁就自己的不足和缺点。

祸难生于邪心，邪心诱于可欲。可欲之类，进则教良民为奸，退则令善人有祸。（《韩非子·解老》）

【今译】

祸难因不良的心思产生，不良的心思却是受到满足人欲望的事物引起的。适合人欲望的东西，进能促使善良的百姓作奸犯科，退能使善良的人招惹祸灾。

【时析】

祸患和人相关，多由人引起。由可欲的东西诱发出不良的心思，导演了多种灾祸。美好的事物，能够满足人的欲望，它们可以支配人，驱使人，危害人。因此，居安思危中很重要的一条是防检欲望，严格要求自己，不受华美器物的利诱。

人皆轻小害，易微事，以多悔。患至而后忧之，是犹病者已惓[①]而索良医也，虽有扁鹊[②]、俞跗[③]之巧，犹不能生也。（《淮南子·人间训》）

【注释】

①惓：加剧，严重。②扁鹊：春秋时名医。③俞跗：也作踰跗、榆跗、臾跗，相传黄帝时期的名医。

【今译】

人们都轻视细小的祸害，忽略琐微的事情。祸患降临后才忧心忡忡，这好比病情已经沉重的时候才寻找良医，即使有扁鹊、俞跗那些神医的本领，也不能医活了。

【时析】

这段话提醒人们应该未雨绸缪，提前做好准备，也就是要居安思危。不能等到大祸临头时才着急起来，那样就来不及了。人们所容易忽略的往往都是平时不在意的事物，表面细小琐微可能正预示着事物进一步发展的端倪，防微杜渐，提前顺应事物发展规律，促成事物向理想方向发展，或者遏止事物不理想状态的进一步发展，对人自身以及社会都会大有裨益。再好的措施和方法，如果错过了事物发展的最佳时机，也是徒然的。

功积于无用，财尽于不急，口腹不可为多。故国病聚不足即政怠，人病聚不足则身危。（《盐铁论·散不足》）

【今译】

把精力耗费在积累无用的东西上，把财物拨付在不急迫的事情上，人们的口腹感官享受不能过度膨胀。所以，国家如果有聚积不足的弊端，工作就难以展开；人如果有聚积不足的疾病，身体就很危险了。

【时析】

这段文字出自《盐铁论》中的《散不足》篇，本是要求克服种种不足和弊端的。无论是治理国家，还是处理人生问题，这种分清先后主次轻重缓急的思路或许是适宜的，否则就容易积累下祸患，丧失机会。如果不能积极投入重要紧迫、对事业未来发展有持续影响的工作，势必会造成极大的财力浪费和精力耗损。在现代社会中，人们往往难以摆脱各种欲望的困扰，这里启示人们不能放纵感官享受。对个人和国家来说，逐渐积累是不可忽视的，而积累的事物的性质则更加重要，不少问题就是这样积累起来的，以致尾大不掉、难以收拾。

微者危之阶，乖者亡之征。（《三略·下略》）

【今译】

衰弱是走向危险的阶梯，混乱是趋于灭亡的征兆。

【时析】

危亡并不是突然发生的，而是有一个逐步累积发展的过程，它的萌芽就是力量的逐渐衰微与秩序的混乱。所以，从预防祸患的方面考虑，注意力量的蓄积与持续，保持秩序的井然有序，则会有效地防止和推迟危亡的降临。

兄弟之际，异于他人，望深则易怨，地亲[1]则易弥[2]。譬犹居室，一穴则塞之，一隙则涂之，则无颓毁之虑；如雀鼠之不恤，风雨之不防，壁陷楹沦，无可救矣。仆妾之为雀鼠，妻子之为风雨，甚哉！（《颜氏家训·兄弟》）

【注释】

① 地亲：指地近情亲。② 弥：止，消除。

【今译】

兄弟之间的关系，与别人不同，相互期望过高就容易产生不满。居住相近，接触密切，不满也容易消除。譬如一间居室，有一个洞就立刻堵上，有一条缝隙就马上涂盖，就不会有倒塌的忧虑；如果不顾及雀鸟与老鼠的破坏，不提防风雨的侵蚀，就会墙壁倒塌、楹柱摧折，没有办法弥补。仆妾比起雀鼠，妻子比起风雨，其危害还要更厉害！

【时析】

这段论述是如何处理家庭关系（特别是兄弟关系）的格言。在颜之推看来，兄弟关系很重要，也很微妙，要妥善处理，如有矛盾就需及时解决，不要酿成大错。他又指出对仆妾妻子的话要进行慎重的考虑。今天虽然没有了仆妾的身份，但是有不少这样的观念和行为，妻子也有危及个人与家庭、个人与国家的关系问题。虽然该段文字不无性别歧视、男尊女卑的不足，但所提出的防微杜渐、谨慎对待身边亲近人的言辞，还是比较明智的。

祸福之来，皆起于渐。（《贞观政要·规谏太子》）

【今译】

祸福的产生，都经历了一个由小渐大的发展过程。

【时析】

虽然这里说的是一个很普通的道理，但是却寓有深远的意义。事物发展都遵循着一定的规律，祸福现象也不例外，事物从产生、发展到衰落、转变，体现了规律性的变化过程。祸福形成也有内在的原因，不是空穴来风，所以，促福防祸也需从事物的萌芽阶段做起，如不能因为坏事太小，暂时并无大的妨碍就率意去做，结果不可收拾。将祸患消灭在萌芽状态，或许是一种有实际意义的措施。

立身成败，在于所染。兰芷鲍鱼，与之俱化。慎乎所习，不可不思。（《贞观政要·论慎终》）

【今译】

立身成败的关键，在于平时所受到的熏染。香草与鲍鱼散发的香味或腥味，也可使周围的事物受到影响。因此，人应该谨慎自己所习染的东西，这是不能不思考的问题。

【时析】

这是贞观十三年魏征唯恐唐太宗不能克终俭约而上的疏议中的部分内容。人的习惯具有潜移默化的功能，如何处世为人与习惯也有很大的关系，人的成功与否在很大程度上取决于所受到的影响，这些影响会或正或反地积淀在人的习惯上。周围的环境氛围、他人的价值观和行为等都会成为影响自己习惯的因素。因为它们大多以渐变的形式发挥作用，不易被人觉察，所以更加值得重视。历史上“孟母三迁”的传说就形象地说明了习惯的重要与对不良环境的担忧。

警钟图

凡立法者，非以司民短而诛过误也，乃以防奸恶而救祸患，检淫邪而内正道[①]。民蒙善化，则人有士君子之心；被恶政，则人有怀奸乱之虑。故善化之养民，犹工之为麴豉[②]也。六合[③]之民，犹一荫[④]也。黔首之属，犹豆麦也。变化云为，在将[⑤]者耳！遭良吏，则怀忠信而履仁厚；遇恶吏，则怀奸邪而行浅薄。忠厚积，则致太平；浅薄积，则致危亡。（《贞观政要·论诚信》）

【注释】

①内正道:“内”同“纳”。②麴豉:用曲霉和麦子、麸皮、大豆碎末混合制成的酿酒或制酱的引子。③六合:指天下。④荫:荫蔽,这里指地窖。⑤将:引导,牵引。

【今译】

订立法令,不是用来监管百姓的缺点,惩罚百姓的过失,而是用来防止奸慝、救治祸患,检省淫邪荒乱的行为,并将其纳入正道。百姓如果承蒙善政教化,那么人们便就会拥有士人君子的仁心;如果遭遇邪恶的政教,那么人们就会拥有心怀作奸犯科的心思。所以好的社会环境对于百姓的教化作用,就如同作坊里的酒工制作发酵的麴豉一样。天下之民,如同一个大酿房。芸芸众生,就比如豆麦。事物变化创生,都在于如何引导。碰到好的官吏,就会心怀忠信、不断践行仁义的原则;碰到坏的官吏,就会心怀奸诈邪恶,行为也浅薄丑陋。百姓的忠信仁厚累积起来,风俗淳厚就会达到太平的局面;百姓的浅薄丑陋累积起来，风俗衰败就会出现危亡的景象。

【时析】

中国古代不少人主张制定法令的出发点不是惩治而是预防，目的主要不在于处理违法犯罪现象的事实和结果，解决纠纷，而在于防患于未然和警戒社会成员，教化百姓。至少在注重教育意义的方面，这种制定法律的深谋远虑是值得今人思考的，不仅是对已有事实的善后处理，更加重要的是面向未来、着眼长远。唐太宗很擅长弘扬自己和官员的垂范作用，在潜移默化中达到治理国家、防止祸患的目的，实践证明是有一定积极效果的。百姓如果在品德行为上有了过失，先在相关官员身上检省一下，也未尝不是一个好办法。对于精通现代管理的人来说，在处理上下级的关系、注重工作环境和氛围的改善，特别是关注人们的仁义礼智信的基本道德素养，也能提供某些有益的基本价值理念，比如重人、任贤、创立良好的氛围等。

将崇极天之峻，永保无疆之休[1]，不念居安思危，戒奢以俭，德不处其厚，情不胜其欲，斯亦伐根以求木茂，塞源而欲流长者也。（《贞观政要·君道》）

【注释】

① 休：福庆，幸福。

【今译】

如果要建立显赫的功绩，永远保持无尽的福庆，不想着居安思危，戒掉骄奢，克尽节俭，德行不积累厚实，内心难以克制私欲，这就如同砍伐树根而寻求树木茂盛、堵塞源头却希望水流长远的道理一样。

【时析】

在生活中，大多数人对自己的生活都有一定的规划，美好的人生设计如何逐步实现，可能是不少人魂牵梦绕的问题。在古代，人们则认为，要想事业获得成功，就要处理好根本和枝末的问题，在他们看来，根本就在人的道德和内心。如果道德寡陋，私欲恣肆，就很难实现宏伟的目标。人们都知道，浇灌树木，要从树根做起，树根吸收了足够的养分，枝叶自然会繁茂。因而，居安思危在某种意义上实际是在巩固事业的根本，查遗补缺，及时发现漏洞，目的是为了更好地促进事业的发展。这在今天依然具有重要价值。

人有明珠，莫不贵重，若以弹雀，岂非可惜？况人之性命甚于明珠，见金银钱帛不惧刑网，径即受纳，乃是不惜性命。明珠是身外之物，尚不可弹雀，何况性命之重，乃以博①财物耶？（《贞观政要·论贪鄙》）

【注释】

①博：博取，获得。

【今译】

人如果有颗珍贵的明珠，没有人不知道要珍惜它，如果用以弹射麻雀，难道不是十分可惜吗？况且人的性命要比明珠宝贵得多，但是人们看到金银财帛就忘记了对法网刑律的畏惧，径直笑纳，就是不珍惜自己的性命。明珠是身外之物，尚且知道不能用来弹射雀鸟，何况性命异常珍贵，却用来作为博取财物的资本？

【时析】

中国古代有"明珠弹雀"的成语，常用来比喻因小失大的行为。唐太宗在贞观初年对大臣的告诫寓意深远，对后来人也会有启发。人们往往在具体的利益计较上，能够清楚分辨事物的轻重缓急，并做出理智的选择。但是受制于欲望的催动，在名利的诱导面前却容易失去基本的是非曲直标准，做出违法乱纪的事情，甚至积重难返，自蹈死地。之所以如此，是因为没有在根本上划清身外之物与至贵的性命之间的界限，从而将性命降为谋取财物的手段，也就成为个人危亡的最大牺牲品了。各种贪污现象屡禁不止，原因可能很多，但是从主体的价值观角度分析，关键则在于没有理顺性命与名利的本末关系。

欲之愈不止，求之愈不已，贫食愈不足，富食愈不美。所以奢僭由兹而起，战伐由兹而始。能均其食者，天下可以治。（《化书·奢僭》）

【今译】

人的欲望越来越难以满足，追求也越来越难以停止，贫苦的人顿感食物越来越不足，而富庶的人家却感到食物越来越不精美，战争攻伐就这样兴起。如果能平均天下人的食物，天下也就可以达到大治的局面了。

【时析】

不难发现，五代时期的谭峭在《化书》中提出的绝对平均主义思想在实践中是难以实现的，对历史的分析也未必完全准确，但是在关于人的欲望难以满足特点的描述上，却贴切适当。人们常说，欲壑难填，就是因为欲望的无限膨胀和绵延。人类社会的祸患产生，往往因为过分以及超出法度的欲望滋生所导致。虽然我们不能不看到在有些时候欲望是促进社会物质文化发展的动力之一，但是历史教训屡屡告诉我们，在个人和集体的安危问题上，欲望曾是自取其咎的罪魁祸首，却也是不容争辩的事实。

欲之于人也如贼，人之于欲也如战，当战之际，锦绣珠玉不足为富，冠冕旌旗不足为贵，金石丝竹不闻其音，宫室台榭不见其丽。况民腹常馁，民情常迫，而谕以仁义，其可信乎？讲以刑政，其可畏乎？ （《化书·战欲》）

【今译】

欲望对于人来说就像贼，人对于欲望来说就如同面临大敌，在人与欲望的争斗中，美丽的锦绣珠玉都称不上富贵了，华贵的冠冕旌旗也称不上尊崇了，美妙的金石丝竹的乐音也听不到了，壮丽的宫室台榭的美景也看不到了。何况百姓腹中常常饥乏，百姓的实情常常紧迫，这个时候宣晓仁义，难道可信吗？用刑法政教的措施来严格要求，难道可以畏惧吗？

【时析】

这里突出了两个方面的思想。一是人的欲望与人本身存在着一定的对立性。欲望可以诱惑、指使人做非分的事情，所

司马光

以说是“贼”；人如果要有所作为，必须和名利的引诱作不懈的拼搏，所以称为“战”。因为如果沉湎于欲望中，耳闻目睹等感官和认识都会被移易，需要花费很大的气力。一是强调关注人的正常的欲望，它是人遵循礼义、恪守规范的基础，所以不能不顾百姓基本的生活需要。这两个方面相互结合构成关于欲望的比较完整的理解，在中国古代思想史上也是独特的。对于现代人来说，既要注意欲望有背离人性的一面，防止异化，沦落为欲望的奴仆；同时也要注意正常的基本的欲望的合适性，满足基本的欲望是人们生存和发展的根本前提。

夫欲盛则费广，费广则赋重，赋重则民愁，民愁则国危，国危则君丧矣。（《资治通鉴·唐纪》）

【今译】

欲望过盛费用自然奢泰，费用奢泰赋税自然苛重，赋税苛重百姓自然愁苦，百姓愁苦国家自然难安，国家难安统治自然难存。

【时析】

这段话采取顶针的格式揭示了欲望与国家安危的内在关系，环环相扣的中介环节进一步加强了论辩的力度和分量。自然，现实生活中事物的关系异常复杂，未必如此简明，但是能够从某一个角度扼要突现各个环节的因果联系，则有助于具体深入地探讨欲望与国家治理的关系问题。对于古代统治者来说，如果不能克制欲望，沉湎感官享受，劳民伤财，则会造成不必要的浪费和人为的灾难。在现代社会，虽然不必刻意去满足少数人的要求，但是类似的情形或许还存在有这样那样的变异形式，即使在广大社会成员那里，欲望的过分膨胀，也会带来许多经济、环境、精神和社会问题。人们珍视节俭的美德和仁民爱物的传统，就是力戒欲望恣肆导致国家与个人的不幸。

忧以天下

子产曰："政如农功，日夜思之，思其始而成其终。朝夕而行之，行无越思，如农之有畔。其过鲜矣。"（《左传·襄公二十五年》）

【今译】

郑国的大夫子产说："管理政务就像农民种植庄稼，时刻思考，开始考虑得比较成熟了，最终才能有完满的结果。然后，勤谨地实行，不敢有丝毫的懈怠，行为也没有越过的危险，像田里有地畔一样。这样，人的过失自然会很少。"

【时析】

如何减少过失，除过要时刻反思外，主要在于能够形成比较切实的方案，然后按照这个方案脚踏实地地推行。在清晰可行方案的指导下，人们便会有明确的奋斗目标，哪些事可以做，哪些事不能做，泾渭分明。规范性的文字具有强烈的导向作用，可以引导人们减少行为的过错。它给现代人的启示是，减少祸患的措施是建立在思行统一基础上的明晰规范。

君子之行，思其终也，思其复也。《书》[1]曰："慎始而敬终，终以不困。"（《左传·襄公二十五年》）

【注释】

①《书》：杜预《集解》认为是"逸《书》"。

【今译】

君子做事，考虑事情的结果是否有效，考虑措施是否可以重复。《尚书》说："谨慎开始，小心终结，最终不会有困厄。"

【时析】

有德行的君子做事，很注意事情的最终结果。如果做成功一件事情，办法又不能推广，自然会减少行为的意义；如果做事的成功经验可以反复尝试，成为以后行动的借鉴或指导，这种行为的意义就比较重要了。其中的关键则是深思熟虑和谨慎谦虚，正因为如此，既能够顾及到事物的发展和结果，又能够严格地要求自己，不敢有丝毫的松懈，就可以减少许多困顿和厄运了。所以《左传》襄公二十九年上说“专则速及”，如果沉湎于自己的刚愎自用中，无疑会自己招惹祸灾，就是因为自是过甚的缘故。

君子终日乾乾[①]，夕惕若[②]，厉[③]无咎[④]。（《周易·乾卦》）

【注释】

①乾乾：勤勉努力的样子。②若：语助词。惕若，犹“惕然”。③厉：危。④咎：灾。

【今译】

有才德的君子整天勤勉努力，即使晚上也不敢懈怠，虽处危境，但并没有太大的灾殃。

【时析】

这是《周易·乾卦》“九三”爻辞，强调勤勉与警惕的重要性。作为才德具备的君子，不断加强自己的德性修养，勤奋不已，时时警惕反省自己，这样自然可以减少过失和祸患。即使身处险境，也不会慌乱不安，因为平日里已经有了足够的素养陶冶，积累了处理意外事情的经验。凭借勤勉和警惕的功夫，在险境中也不会使矛盾更加复杂、事态更加恶化，所以即使身莅险难，也会最终克服化解。在居安思危问题上，实际上贯彻的也是这个思想，因为“思危”的“思”本身就带有一定的警惕性质，通过不懈的努力，尽可能预防、杜绝危险的因素，维持太平安全的局面。

惧以终始，其要无咎。（《周易·系辞下》）

【今译】

如果警惧于事情的开始和结束，整体上是好的兆头。

【时析】

“惧以终始，其要无咎”，虽然是《易传》的作者阐发“《易》之道”的高度概括，但给后人的启发很大。《周易·系辞下》同时还说：“《易》之为书也，原始要终，以为质也。”意思是说《易经》这部书是观察事物开端、探求事物发展走向的著作，它通过原始察终的方式呈现事物的有机发展状态，并运用卦体来形象地表征事物整体的运行。如果始终如一，毫不懈怠，自然可以减少一些弯路和意外，整体上则会顺利如意。它提醒人们做事不可虎头蛇尾，而是要谨谨敬敬，警惕过失，趋善避害。

君子以思患[①]而豫防[②]之。（《周易·既济卦·象辞》）

【注释】

①患：灾患。②豫防：豫读如“预”，“豫防”即“预防”，预先防止。

【今译】

有德才的君子提前考虑灾患，预先防止它的发生。

【时析】

《既济卦》通过水火的意象生动地告诉人们，灾祸已经解除，所以称为“既济”，“既”即表示动作已有了结果，“济”表示还是好结果。但是，有了祸患能够及时解除，固然很好，但毕竟不如提前防止祸患，将危险消除在萌芽状态。所以《象辞》的作者就颇有些微词，指出君子应该做到有备无患，平时要“思患”，实际上说的也是“居安思危”的意思。只有这样，有形和无形的灾患才有可能被提前觉察，并采取有效的积极措施加以处理，防微杜渐，努力避免祸患的发生。

子曰：“饱食终日，无所用心，难矣哉！不有博[①]弈者乎？为之，犹贤乎已[②]。”（《论语·阳货》）

【注释】

①博：古代的一种棋局，指掷彩行棋，与后世专掷彩不同。②已：不动作，指什么事都不干。

【今译】

孔子说：“整天吃饱饭，什么事也不做，不行呀！不是有掷彩下棋的游戏吗？做做总比什么事不干要好。”

【时析】

人生在世，总得有所作为，尽管每个人的人生际遇、个人禀赋、兴趣爱好、才能特长不同，人生的意义不仅在于最终的结果，而在于人生的过程，它们共同构成了人生境界。如果整天无所事事，不仅碌碌无为，而且人生空虚，精神萎靡，机能也会衰退。所以孔子当时已经提醒人们，人生就是要克服懒散无所事事的情形，即使玩玩游戏，也可以从中体味到快乐和"做"的益处，比什么事都不做好得多。现代社会，随着人们物质生活与精神生活的日益充盈，在社会结构逐渐调整的过程中，诞生了一批"泡"族，泡酒吧、网吧、球场等，大多数在娱乐之余陶冶身心、获取知识、强健体魄、和谐人际关系，但是也有少数人萎靡不振，丧失了人生的动力，对当下人生麻木不仁，什么事都不想做，孔子的告诫不是正可以参考吗？无所事事，也是人生的危险呀；自觉地无所事事，更是人生的危险！

民之从事，常于几成而败之。慎终如始，则无败事。（《老子》第六十四章）

【今译】

一般人做事，常常在将要成功的时候失败了。如果能在事情将要成功的时候保持像刚开始时候的那种谨慎警惕，那么就没有做不好的事了。

【时析】

人们在日常生活中常有功亏一篑的感叹。在事情将要成功的时候，不能有任何的松懈和麻痹，如刚开始做的那样，认真谨慎，这样，可以减少不少失误，促成事物顺利展开。最难能可贵的是保持这种始终如一的恒心和决心，生活中之所以有不少类似的成语，如"功亏一篑""一曝十寒""朝秦暮楚"等，就是因为保持恒心很难的道理。在待人接物时，事情初次接触的新鲜感过后，应该更加注意事物的发展动向，具有强烈的毅力和耐心，真正的成功才能到来。在"安"中思考"危"的因素，也是为了保持这种谨慎警惕的心理，做到始终如一罢了。《周易》"既济卦"也谈到类似的意思。

智者之虑，必杂于利害。杂于利，而务可信也。杂于害，而患可解也。（《孙子兵法·九变》）

【今译】

聪明人考虑问题，一定会兼顾利益和祸害两个方面。兼顾利益，会坚定完成事务的信心。兼顾祸害，会消解意外的祸患。

【时析】

处理问题，不拘泥于一个方面，而是能够全面地有重点地分析对待。居安思危虽然是一个重要问题，但也不能片面地抓住某一个端点；否则，容易流于骄傲自大或者一蹶不振。兼顾利害、祸福、安危、顺逆，从积极方面加强自信心，不断鼓励自己；从消极方面及时注意查遗补缺，发现问题，防止危险。这种兼顾两端的思想在今天也依旧值得深思和玩味。

夫安危治乱存乎上之为政也，则夫岂可谓有命哉！（《墨子·非命下》）

【今译】

所谓安全、危险、治理、混乱，在于君上的施政，那么怎么可以说是由命造成的呢！

【时析】

社会的安危治乱，是一个很复杂的问题，导致的因素很多。但是，在中国古代思想家那里，基本有两种比较重要而且有价值的看法：一是认为社会的安危有其自身的内在规律，这种规律尽管不以人们的意志为转移，可是人的顺应和遵守规律的行为至少可以推迟或防止不良结果的早日到来；二是认为社会的治乱自有其可以寻觅的原因，其中很重要的方面是人的因素。“灾祸由人”的观念很早就已经产生了，这种观念与命定论、宿命论格格不入。墨子反对命定论的思想就是这些看法的诠释和发展。今天，宿命论或多或少还未完全从人们的生活中退出。因此，这里的理性的看法足可以作为现代人的警示和告诫。

强必治，不强必乱；强必宁，不强必危，故不敢怠倦。（《墨子·非命下》）

【今译】

努力必能治理，不努力就会混乱；努力必能安宁，不努力就会危险。因此，

不敢放松懈怠。

【时析】

治乱的局面都是人自己导致的，这是中国古代思想文化史上比较一贯的认识。因此，关注人的努力和奋斗自然很重要。如果不能充分发挥人的主动性和积极性，回避矛盾和问题，就会形成更大的混乱和危险。所以，《墨子》也强调人要谨慎，不能骄傲自大，不能放松对自己的严格要求。今天，这种重视人的主观能动性的看法是值得参考的，它有助于进一步增强个人战胜困难和树立必胜信念的决心和意志。

圣人恶疾病，不恶危难。正体不动[1]，欲人之利也，非恶人之害也。（《墨子·大取》）

【注释】

① 正体不动：一说疑作“四体不勤”。

【今译】

圣人厌恶疾病，不厌恶危险艰难。能保重自身，希望人们得到利益，而不是要人们畏避祸害。

【时析】

这里，《墨子·大取》篇从人们的态度入手对“居安思危”问题进行了补充。“居安思危”意识最重要的意义是警世醒人，使人提前有所准备，避免不必要的曲折和祸患。但是努力也只是预防，事物的内在规律会顽强地推动着事物按既定的方向发展。因此，有些祸患和危难是很难避免的，在这种情况下，《墨子》提倡的不逃避困难、勇于面对危险的承担精神，足以使人振奋精神，从而坚定生活的信心与战胜困难的决心。

凡忧患之事欲任，乐事欲后。（《性（性自命出）》）

【今译】

凡是忧患的事就要勇敢地承担起来，享乐的事则置后考虑。

【时析】

郭店楚简《性（性自命出）》篇，让我们看到了先秦儒家思想细致精微的一面，同时也让我们领略到后来儒家思想发展的合理轨迹，对某些思想的起源有了重新认识。这段文字就促使我们重新估价古代“先忧后乐”思想的起源。不少人熟悉北宋著名政治家范仲淹在《岳阳楼记》中提出的“先天下之忧而忧，后天下之乐而乐”，的确，这一格言脍炙人口，哺育了不少仁人志士的爱国精神和忧患意识。实际上，《性（性自命出）》中的这句话已经充分点出了不避危险、勇于承担、不图享受的思想。在今天，如果多几分这种承担的气概、责任和意识，少些享乐的意图和举动，有多少幕令人啼笑皆非的人生悲剧和闹剧将不会上演呢？

上不以其道，民之从之也难。是以民可敬导也，而不可掩[1]也；可御也，而不可牵也。故君子不贵庶物[2]，而贵与民有同也。（《教（成之闻之）》）

【注释】

①掩，隐蔽，遮蔽，如“君子斋戒，处必掩身”（《礼记·月令》）等。此处指蒙蔽百姓，不让其知道，与“敬导”相对。②庶物，指众物，如“首出庶物，万国咸宁”（《周易·乾卦》），“舜明于庶物，察于人伦”（《孟子·离娄下》）等。

【今译】

上级官吏不按照自己应该遵守的规则行事，百姓跟随仿效就很困难。所以百姓需要谨慎认真地引导，而不是代替他们做出决定；（百姓）可以控制驾驭，但是不能强行牵制。因此，君子并不看重物多，而是更加重视与百姓有共同的目标。

【时析】

郭店楚简《教（成之闻之）》中的这段文字，使人们看到了先秦儒家作品中可贵的民本思想。因为在古代的政治智慧中，官员以至国君处理政治的办法，多是给老百姓做个榜样，上行下效，这样风俗自然变化，国家也会治理得井井有条。实际上，在现实中这种办法只是一种美好的理想和理论，往往会被法家、道家思想做这样那样的打扮。但是，怎样做到上下一心，最大限度地发挥人们的主观能动性，从而化解和克服官员和百姓之间的对立和隔阂，使社会稳步发展，古人曾提出不少设想。如孟子提出“与民同乐”的问题，也就是与民同欲，百姓和国君（以及官员）心理趋向相同。这段文字里也主要是探讨如何处理上下（特别是与民）的关系问题。难能可贵的是，注意到百姓仿照（从）上级并不是机械的，而会经过自己的选择和判断，所以，对于百姓可以顺其心性引导，而不可蒙蔽和强制，最好的方式是和百姓取得一定的共识。像这种政治智慧，还具有社会现实意义。调动人们的积极性，不仅仅体现在外在的利益驱动上，更重要的应体现在内在的价值目标的一致上。

夫喜怒者、道之邪也，忧悲者、德之失也，好憎者、心之过也，嗜欲者、生[1]之累也。（《文子·道原》）

【注释】

① 生：同“性”，本性。

【今译】

喜怒是道的妨碍，忧悲是德的邪恶，好憎是心的过错，嗜欲是性的累赘。

【时析】

这里提到了八种妨碍道德心性的事物，即喜、怒、忧、悲、好、憎、嗜、欲，它们或相对，或相成，但都是人内心不平的状态。对待事物如果超过了一定的度，就会引起对事物的偏爱或憎厌。这种情况下，事物自然不能得到真实的恰切的呈现。对人来说，与其认定是事物发生了偏差，还不如说是人自身出现了问题。道德心性的巩固和纯醇，与调节这些心理因素的关系很密切。在现实生活中，遇事不受欲望的束缚，能够冷静公正地处理问题，也是人的综合道德素质的反映，其中包含着古人所探讨的道德心性内容。

上下交征[1]利而国危矣。（《孟子·梁惠王上》）

【注释】

① 征：取。

【今译】

无论上层官员还是下层百姓，大家彼此以取利为目标，国家就很危险了。

【时析】

这是孟子对梁惠王“将有以利吾国”提问的反驳。梁惠王关心人们所提的建议是否对国家有实际的用途和好处，孟子指出，如果从君主到百姓都这样唯利是图，国家社会秩序就会出现紊乱。他并不反对利，但主张治理国家应该首先注意根本，先仁义而后利益。今天，礼义兼得，重视诚信和道德，即使在经济领域内也是有深远意义的。

恶死亡而乐不仁，是犹恶醉而强酒。（《孟子·离娄上》）

【今译】

有些人害怕死亡，却喜欢做不仁的事情，这就好像害怕醉酒却偏要勉强喝酒一样。

【时析】

不顾及事物的因果联系，做些与目的不符甚至恰恰相反的举动，结果自然背道而驰了。明知过错的危害性，却还要去尝试这种过错，这可能称不上明智或勇敢。

君子有终身之忧，无一朝之患也。……非仁无为也，非礼无行也。如有一朝之患，则君子不患矣。（《孟子·离娄下》）

【今译】

君子有长期的忧虑，而没有突发的痛苦。……不符合仁的原则的事不做，不合乎礼的规定的事不干。一旦有飞来横祸，君子也不以为痛苦。

【时析】

有德行有才干的君子忧虑的是问题的根本，如自己的品德是否还有缺陷，自己的才干是否还有不足。所以，一朝一夕的具体祸患并不是君子所担忧的，如果仁心彰显了，扩充了，具体的祸患也就不足道了。君子以仁礼的原则严格要求和规范自己，并逐渐形成基本的道德素养。所以，一旦遇到突然祸害，也会从容面对，不以为痛苦了。

孟子曰：“有不虞[①]之誉，有求全之毁[②]。”（《孟子·离娄上》）

【注释】

①虞:预料,意料。②毁:诋毁,批评。

【今译】

孟子说:“有意料不到的赞誉,也有求全责备的批评。”

【时析】

社会生活中仁者见仁、智者见智的事情很多。所以,遇到出乎意料的赞美,不宜沾沾自喜,不可一世;碰到过于严苛的批评,也不宜丧失信心,一蹶不振。

乐民之乐者,民亦乐其乐;忧民之忧者,民亦忧其忧。乐以天下,忧以天下。(《孟子·梁惠王下》)

【今译】

国君以百姓的快乐为快乐,百姓也会以国君的快乐为快乐;国君以百姓的忧愁为忧愁,百姓也会以国君的忧愁为忧愁。和天下的人同乐,和天下的人同忧。

【时析】

这就是孟子主张的“与民同乐”的思想,当然也包括着“与民同忧”,上下齐乐共忧,促成国家的团结和发展。难能可贵的是,孟子的“与民同乐”的前提是国君首先以百姓的忧乐为忧乐,心系天下,这样防止了以个别人的忧乐为天下忧乐的倾向。这种理想在古代社会尽管难以完全实现,但是作为一种领导思想、策略和修养,在今天的行为科学和领导艺术方面依然有重要的现实意义。

谏者,所以安主也。……主恶谏则不安。(《管子·形势解》)

【今译】

提意见,目的是让上级获得平安。……如果上级厌恶提建议就很危险了。

【时析】

人们常说:“良药苦口利于病,忠言逆耳利于行。”古代进谏是很危险的事,稍不留神，就有可能性命不保，家破人亡。随着时代的发展，进谏的形式也发生了变化，称为提意见或批评。即使所谓合理化的建议及意见，有时也难免拂人情面，让人难以接受。实际上，大多数意见的目的还是使人避免过失、弥补不足，不断使人趋于自我完善和发展。如果面对意见，充耳不闻，面对缺点，熟视无睹，那么，本可以避免的祸患和曲折可能就会接踵而至，反而容易对个人形成更大的不利。听取批评和建议，虽然困难，但很有意义，这也就是为什么人们总要以“从善如流”作为为人处世的美德的原因。

夫存者非存，在于虑亡；乐者非乐，在于虑殃。（《六韬·兵道》）

【今译】

安然长存的并不仅仅注意到存的现状，关键是考虑到存的对立面“亡”；欢乐常在的也不仅仅注意到欢乐的现状，关键在于考虑到灾殃的危险。

【时析】

不停留在事物的表面和当下的情境，而是顾全大局，从长远出发，可以远离祸患。事物相反相因，拘泥于暂时的现象，便难以摆脱事物转变带来的困厄。

终身役役而不见其成功，苶然[①]疲役而不知其所归，可不哀邪！人谓之不死，奚益！其形化，其心与之然，可不谓大哀乎？人之生也，固若是芒[②]乎？其我独芒，而人亦有不芒者乎？（《庄子·齐物论》）

【注释】

① 苶(nié)然：疲惫病困的样子。② 芒：指芒昧，昏昧，迷糊不清。

【今译】

一生忙忙碌碌却并不见得做出什么成就，疲惫病苦却不知道最终的目的到底是什么，不很可悲吗！人们认为这种人生虽然并未丧失生命，但又有什么趣味呢！人的形体在悄悄地衰老，人的精神也会伴随着这种变化过程而日渐枯萎、不能自拔，这难道称不上大悲痛吗？人生本来就是这样茫昧不清呢？还是只我一人这样的迷糊，而他人并不昏昧呢？

【时析】

人们常常认为"居安思危"主要针对的是国家管理或个人处世问题，其实这是片面的。固然，这两个方面极为重要，但是在以老庄为代表的道家哲学那里，这个"思危"的触角伸得很远，特别是庄子。这段文字，就是庄子发出的感慨，表面是对人生现象产生的难以索解的迷惑，而实质揭示的正是人生存在的价值和意义问题。不少西方现代哲学家反思人生荒诞和空虚，足以证明庄子的困惑忧虑不仅是他个人所有的，也不是先秦时期中国哲人特有的，而是跨越时空的永恒主题。在这种勇敢的自我拷问和反省中，能催生出多少人生智慧和哲学流派呢？

山木自寇也，膏火自煎也。桂可食，故伐之；漆可用，故割之。人皆知有用之用，而莫知无用之用也。（《庄子·人间世》）

【今译】

山木自招砍伐，膏火自我燃烧。桂皮入药可吃，所以人们砍伐它；漆树分泌漆液可用，所以人们割取它。人们都知道有用的用处，而不知道无用的用处。

【时析】

一般地，人们都知道事物有利的用处，而不知道正是这种有用，给事物本身带来了损害和困厄，这样来看，或许所谓的无用（无利）才是事物保全自己的方法。这种思想有助于从另一个角度反思安危问题。正像山木被砍伐，除过斧刀的祸患外，从自身角度考虑，是因为本身含有为人所需要的因素，在某种意义上，自己也是导致砍伐厄运的原因之一。膏火、桂漆，也都因为能够满足人们生活的需要，最终难逃被取用的命运。在保全自身方面，用有用作为自己的主要特征，实际上却潜伏着隐患和杀机。居安思危，在庄子眼中，则从事物自身角度提供了解决问题的思路，逐步摆脱成为他人附属或用品的处境，不炫耀和显示自己的片面有用，这才是远离祸患的有效办法。

长太息①以掩涕②兮，哀民生③之多艰。（《离骚》）

【注释】

① 太息：叹气。② 掩涕：拭泪。③ 民生：即人生；一解为天下苍生、百姓。按：这里的

“民生”实际上即“人生”，主要指主人公屈原自己的坎坷遭遇。《离骚》“怨灵修之浩荡兮，终不察夫民心”中的“民心”即“人心”，指屈原自己的用心。与“民生”的用法可以相互佐证。

【今译】

长叹一声不由人轻拭泪水，忧虑人生是如此艰难。

【时析】

人生难免有些坎坷，或许正是这些坎坷成就了人生和事业。那些充满忧愁和泪水的插曲使人生之旅曲折多变，虽然冷酷难测，但对人则是全面的考验。居安思危的主题大多是针对国家与社会治理的，但是为人处世也是其中一个不可忽视的方面，特别是人生，并不总是一帆风顺、欢声笑语。能够预先考虑到人生的艰难曲折，有助于正确处理和面对人生的种种矛盾和问题。

贤主于安思危，于达思穷，于得思丧。（《吕氏春秋·慎大》）

【今译】

贤良的管理者在境况平安的时候不忘记危险，在事业顺达的时候不忘记困厄，在收获成果的时候不忘记丧失。

【时析】

事物多么复杂呀。安危不离，显隐无间，得失相邻，所以把握事物不能仅仅侧重一个方面，否则，则会导致事物向相反方向转化。那些危险、穷困、丧失的经历和教训，足以使人更加觉得身边的安宁、顺达、获得是多么不易，并有助于明晰如何进一步巩固和保持这种良好的局面，防止不利现象发生。

行不可不孰[①]。不孰，如赴深谿[②]，虽悔无及。君子计行虑义，小人计行其利，乃不利，有知不利之利者，则可与言理矣。（《吕氏春秋·慎行》）

【注释】

①孰：通“熟”，精审，仔细。②谿：无水的山谷。

【今译】

人们的行为不可不仔细。不仔细，就像跌入深谷，即使后悔也来不及了。

君子考虑自己的行为和义的原则，小人根据利益驱动行动，却往往有适得其反的情况发生。有明白利与不利共处的人，才可以与他谈论道理了。

【时析】

行动要深思熟虑，要谨慎，不仅是在吉凶祸福方面，更重要的是将利与义统一起来把握，使其一致。如果只是一味地看到利，那么伴随着的可能就有不利的现象，古人称为一物两体的思想，今天称作矛盾对立面的辩证统一。正因为如此，对生活中“利”的把握，要摆脱世人单方面把握的局限，从而在看到事物积极性的同时看到事物的消极方面，这样把握才会更加全面，实践也会更有效。

使人大迷惑者，必物之相似也。(《吕氏春秋·疑似》)

【今译】

让人产生迷惑不解的，一定是事物相似的地方。

【时析】

迷惑不解主要在于难以把握事物的本质，这除过对事物本身实质把握不够深刻外，还有一个重要原因就是事物性状的相似性特征。就像一个选玉的人最担心的是，本来是石头，看起来却像一块玉。在居安思危问题上，让人们产生迷惑的也是安和危的区别和联系问题。如果错把危视作安，或者把安视作危，都会影响到决策的制定。

天下之士也者，虑天下之长利，而固处之以身若[①]也：利虽倍于今，而不便于后，弗为也；安虽长久，而以私其子孙，弗行也。(《吕氏春秋·长利》)

【注释】

①若：如此，“此”指下文“利虽倍于今，而不便于后，弗为也；安虽长久，而以私其子孙，弗行也”。

【今译】

天下才德出众的士人，考虑天下则从长远利益出发，而本来就像这样处世安身：利益即使比现在要高很多倍，但是如果对将来不利，便不做；平安即使很长久，但如果仅仅是为了自己的子孙后代考虑，也不做。

【时析】

《吕氏春秋》包含着可贵的“天下，天下人之天下”的思想，所以强调天子不私天下，国君不私国，官长不私官，士人不私利，在今天也有借鉴意义。具体来说，考虑事情要注意长远，不能仅仅顾及眼前利益，深谋远虑，这叫“长利”；也不能仅仅从一人一己的局部利益出发，克服私利，这叫“公利”。只有长远打算，不斤斤计较于自己的一己私利或子孙私利，才能够以开阔的眼光和心胸处事，促成国家、社会和事业持续稳定发展。

秦始皇

祸福之所自来，众人以为命，焉不知其所由。故国乱非独乱，有必召寇。独乱未必亡也，召寇则无以存矣。（《吕氏春秋·召类》）

【今译】

祸福的产生，大家都认为是命造成的，却不知它们的真正原因。因此，国家衰亡混乱，一定不会是单独的混乱，有必然招致盗寇的因素。单纯的混乱不一定就会亡国，但是如果招致盗寇进入，那么国家就难以安然存在了。

【时析】

祸福究竟源于什么产生，是很难回答的一个问题，因为原因可能很多，隐性的显性的，直接的间接的，内部的外部的等等。但是在中国古代思想文化史上，更多的看法将祸福产生的原因归结在人自身上，这样祸福既是可以预测的，也是可以采取措施预防的。祸患，可能由混乱导致，但是有可能更多的是令敌人或强盗垂涎欲滴的东西。古人强调谦虚处下、韬光养晦、不炫耀显露等等，其中很重要的一个原因是想法设法减少激起对手欲望的因素，否则“金玉满堂，莫之能守”，即使再富有尊贵，如果成为招致寇盗的资本时，也会给国家和个人带来挑战与灾难。

祸在于好利，害在于亲小人，亡在于无所守，危在于无号令。(《尉缭子·十二陵》)

【今译】

祸患在于贪财好利，危害在于亲近小人，灭亡在于没有准备，危险在于纪律不明。

【时析】

贪财好利、亲近小人会使行为收到内在欲望和外在言行的遮蔽，影响正确的判断；不作预备、不明纪律则无法防止和应对意外情况下的危急局面，“预则立，不预则废”，提前准备是成功的基础，而严格的纪律和规定也是成功的保证。

十过：一曰行小忠，则大忠之贼也。二曰顾小利，则大利之残也。三曰行僻自用，无礼诸侯，则亡身之至也。四曰不务听治而好五音，则穷身之事也。五曰贪愎喜利，则灭国杀身之本也。六曰耽于女乐，不顾国政，则亡国之祸也。七曰离内远游而忽于谏士，则危身之道也。八曰过而不听于忠臣，而独行其意，则灭高名、为人笑之始也。九曰内不量力，外恃诸侯，则削国之患也。十曰国小无礼，不用谏臣，则绝世之势也。(《韩非子·十过》)

【今译】

十种过错：一是怀抱小忠，却是对大忠的戕害。二是顾及小利，却是对大利的蚕食。三是行为古怪，对他国没有礼貌，杀身之祸不远了。四是不尽力管好政务却喜好享乐，不久将身陷困顿。五是贪婪刚愎，唯利是图，这是杀身亡国的原因。六是贪恋女色，不理政务，这是亡国的祸患。七是离开安全地带，出外远游，又不重视他人的意见，原本就是危及性命的举动。八是犯了过错但又听不得批评，一意孤行，这是损毁美名、留笑柄于人的开始。九是自己不量度实力，一味仰仗他国，隐藏着削弱国力的危险。十是国家弱小不讲礼义，也听不进逆耳忠言，势必要灭绝了。

【时析】

《韩非子》中的《十过》篇列举了十种危害国家的现象,可能有一定的针对性和时代性,但是其中蕴藏的一些政治智慧和外交策略却具有超时空的价值。“十过”本身就是“居安思危”的结果,只不过更加细致和琐碎罢了。比如行小忠与大忠的关系,顾小利与大利的关系都带有普遍意义。如何顾全大局、考虑长远,不能仅仅局限一己一私的利益和行为,而要从整体大局出发。其他种种现象或许具体内容已经荡然无存,但是从实际出发、广泛听取不同意见、不安自尊大等经验依然具有现实意义和启发,有助于进一步增强忧患意识和责任感。

人无愚智,莫不有趋舍。恬淡平安,莫不知祸福之所由来。得于好恶,怵于淫物,而后变乱。所以然者,引于外物,乱于玩好也。恬淡有趋舍之义,平安知祸福之计。(《韩非子·解老》)

【今译】

人无论愚蠢还是聪明,无一不具有取舍的原则。恬淡平安,没有人不知祸福是怎么降临的。因好恶而得宠,因过分的事物而怵心,慢慢地变得动荡不安。之所以这样,是因为受外物引诱,各种耽玩嗜好扰乱了人的德行。恬淡中能明察取舍的价值,平安时早预计祸福的降临。

【时析】

事情无论大小,“预则立,不预则废”,有准备便不会手忙脚乱。人们都会有一定的取舍原则,其中最主要的是对能够满足人们欲望的东西的警惕。人心淡泊明净,不受外物的引诱,取舍事物的原则便会很分明;平安时就要做好各种准备,以便防止祸福突然降临而措手不及。

谨于听治,富强之法也。明其法禁,察其谋计。法明则内无变乱之患,计得则外无死虏之祸。(《韩非子·八说》)

【今译】

谨慎地操持政务,这是致富图强的办法。严明法律条令,审核谋略计策。

法令严明内部便没有变乱的危险,谋略合宜外部便没有敌人入侵的祸患。

【时析】

励精图治,振兴事业,需要在自我和环境上努力。严格地要求自己,以谨慎的态度面对工作,便有一个良好的基础。加上内部申明法律条令,外部设计远大适宜的谋略,优化内部和外部的管理环境,内部井井有条,没有变乱和不安静的因素;外部协调有度,没有外敌入侵的担忧。在良好的内外条件下,才有可能促进事业的兴旺发达。总之,内祸和外患是可以避开的,关键取决于人们的法令与谋略,这里将祸患的规避视为是可能的,因为其中有不少人为的因素,因此也可以通过人事的努力来解决。

夫历阳[①]之都,一夕反而为湖,勇力圣知与罢[②]怯不肖者同命。(《淮南子·□真训》)

【注释】

①历阳:今安徽和县之西,汉代属九江郡。②罢:同"疲"。

【今译】

历阳的郡城,一夜之间沉陷为湖,这个时候勇敢、圣明、智慧的人与疲懒、怯懦、平庸的人命运相同。

【时析】

无论是聪明还是愚笨、勇敢还是怯懦、能干还是平庸,在治乱的环境中都需要每个社会成员以自己的方式应对。临近大的灾难,人的地位、品德、才能的差异已经失去了意义,没有人能够苟且偷生,不如勇敢面对,直面现实;处在太平安乐的环境中,虽然穷富、高低、贤愚各有区别,生活方式迥然不同,但应居安思危,所谓"天下兴亡,匹夫有责",不仅是说天下兴亡要依靠每个人的努力,而且也表明天下兴亡与匹夫的命运息息相关。古人说的"倾巢之下,安有完卵"就是这个意思。巢窠破损了,卵的命运都是一样的,并没有差别,这提醒人们对巢是否倾的关注,本身就具有居安思危的意味。

夫偷安者后危,虑近者忧迩。(《盐铁论·结和》)

【今译】

苟且偷安,危险会接踵而至,只顾眼前忧患就会降临。

【时析】

治理国家、处理人生问题应考虑长远，不能仅仅从眼前的现实利益出发。苟且现实，不思进取，不能持续发展，危险就会潜藏起来；单纯从耳目感官等切近的事物出发，目光狭隘，虑事不周，忧患祸害也就不远了。这里指出人们做事应该考虑周到长远，不能仅仅从现实的眼前利益出发。

夫明《六经》[1]之指[2]，涉百家之书，纵不能增益德行，敦厉风俗，犹为一艺[3]，得以自资。父兄不可常依，乡国不可常保，一旦流离，无人庇荫，当自求诸身耳。（《颜氏家训·勉学》）

【注释】

①《六经》：指《诗》《书》《礼》《乐》《易》《春秋》六部儒家经典。② 指：通“旨”，大旨、旨意。③ 艺：指技艺、才干。一说指“经”。

【今译】

通晓《六经》的大旨，涉猎诸子百家的著述，即使不能增强道德修养，砥励世风民俗，但也算得上一门技能，可凭借它作进一步充实的基础。父兄等亲人是不能长久依靠的，家乡邦国也并非常保无事，如果有一天流离失所，失去了亲人的庇护和帮助，那时就应该求助于自己了。

【时析】

这段文字强调人们学习的目的，一方面是加强道德修养，一方面是丰富生存的资本。在《颜氏家训》的作者看来，一个人不能经常地依靠亲人的辅助和家国的安宁，应该具备忧患意识和独立生存的能力。其中认真学习《六经》中的某一部经典，也足够成为危难时谋生的手段。

士君子之处世，贵能有益于物[1]耳，不徒高谈虚论，左琴右书[2]，以费人君禄位也。（《颜氏家训·涉务》）

【注释】

① 有益于物：“物”在此指人。“有益于物”即“有益于人”。② 左琴右书：代指逍遥物

外、悠闲自适的生活。

【今译】

士君子为人处世,最重要的在于对周围的人有益处,不能只是高谈空论,琴书相伴,白白地耗费君主的俸禄和职位。

【时析】

这段话明确地强调士君子应该有一定的德行和责任感,相当于今天的职业道德。既然享受一定的薪水和职位,就应该尽职尽责地做好工作,对他人和社会做出贡献。如果只是夸夸其谈,华而不实,悠闲自在,不能恪尽职守,反而浪费了俸禄和职位,这种现象无疑应该尽快摒弃。对个人来说,自然也是一种危险的处境吧。

贞观三年,太宗谓侍臣曰:"中书、门下,机要之司。擢才而居,委任实重。诏敕如有不稳便,皆须执论。比来惟觉阿旨顺情,唯唯苟过,遂无一言谏诤者,岂是道理?若惟署诏敕、行文书而已,人谁不堪?何烦简择,以相委付?自今诏敕疑有不稳便,必须执言,无得妄有畏惧,知而寝默。"(《贞观政要·政体》)

【今译】

贞观三年,唐太宗对侍臣说道:"中书省、门下省,是机要部门。选拔人才担任职务,委托的责任实际上很重大。诏书敕令如果有不稳妥合适的地方,都应该发表意见。近来只是觉得大家一味迁就我,唯唯诺诺,得过且过,竟没有人真正进谏,这难道有道理吗?如果只是签署诏书敕令、颁布文书,谁人不能胜任呢?为什么还要不辞辛苦遴选人才,来委以重任呢?从今天开始,诏书敕令如不稳妥合适,一定要表达自己的意见,不能妄自畏惧,知而不言。"

【时析】

唐太宗主动求谏的精神很可嘉。他对政府机构功能和官员职责的认识很明确,主张政府是精心选拔上来的人才聚居的场所,是与相应的职责联系在一起的。另外,他反对文书作风,如果只是局限在发发文告的形式作风上,具体的实际工作难以开展,而且容易诱发形式主义和欺上瞒下的丑陋行为。

对于所颁布的文件，有问题要指出，坚持自己的意见，不是时刻考虑到自己的处境，而是从大局和长远利益出发，及时匡正谬误，促进有关文书的顺利制定和实施。对于现代的管理者来说，如何设置岗位、任用人才、评价人才，克服文山会海的形式主义因素，提高管理的效率和信用，都具有积极意义和参考价值。

君子读二《雅》①，至厉、宣、幽、平之际；读《国风》，至二《南》②《豳》之诗，喟然曰：《六经》其皆圣人忧患之书乎？“天下之生久矣，一治一乱。”治久习安，安生乐，乐生乱；乱久习患，患生忧，忧生活。（《默觚·治篇》）

【注释】

① 二《雅》：指《诗经》中的《大雅》和《小雅》。② 二《南》：指《诗经》中的《周南》和《召南》。

【今译】

君子读《诗经》的《大雅》《小雅》诗，到周厉王、宣王、幽王、平王的时候；读《诗经》中的《国风》，到《周南》《召南》《豳风》的时候，长叹着说：“六经”难道都是圣人忧虑祸患的作品吗？“天下形成已很早了，不外一治一乱相互交错罢了。”太平时间久了，人们会习惯于安宁，安宁自然会产生欢乐，欢乐过度会形成祸乱；混乱时间久了，人们也会习惯于祸患，祸患会激发人们的忧虑，忧虑促使人想法存活发展。

【时析】

这则材料涉及两个方面的问题：一是通过《诗经》推测中国古代的基本文化经典“六经”都是有感于忧患而作的；一是关于安危祸福转变内在原因的说明。实际上，忧患意识作为传统文化和民族精神中的重要构成内容之一，作为“六经”的共同点也自然是情理中的事。安危兴亡的转变规律突出了人的因素和心理，是难能可贵的，同时也使这种转变成为可以理解的现象。今天，关注人类的现实处境和未来发展，也是文化典籍不能漠视的内容；安危转化规律的揭示也有助于人们正确面对各种复杂的人生境遇，并做出合理有效的人生抉择。

先天下之忧而忧，后天下之乐而乐。（《岳阳楼记》）

【今译】

忧虑，则先于天下人的忧虑；安乐，则后于天下人的安乐。

【时析】

“先天下之忧而忧，后天下之乐而乐”的思想培育了一代又一代的中华志士。尽管这种思想早在先秦就已经产生，但是北宋时期范仲淹的概括，简洁通俗，影响深远。这种忧乐观念，体现了以天下为己任的责任感和自觉的承担精神，将天下人的困难放在首位，而将个人的安乐享受放在其次，这是很感人的道德情操和人文精神。今天，这种独特的忧乐观有助于激发人们的社会责任感和奉献精神，化解矛盾，不断促进社会的文明与和谐。

兴乱征验

人无于水监[1]，当于民监。(《尚书·周书·酒诰》)

【注释】

① 监：同“鉴”，镜子。此处作动词，照、察看的意思。

【今译】

人君不要用水来察照自己，应当用民情来察照自己。

【时析】

在《尚书》中，“人无于水监，当于民监”是“古人有言”，《史记》卷三《殷本纪》记载商汤说“人视水见形，视民知治不(否)”，可见起源甚早。该句在先秦以及后世多部文化典籍(如《墨子》等)中反复出现，影响深远。用水作为镜子，照见的只是外在容貌的美丑；而用民情作为镜子，却可以反映出为政为人的得失。今天，虽然镜子正衣冠、察美丑的作用也很重要，但是，重视民情，关心百姓疾苦和他们的切实利益，才能及时真切了解到基层的现实状况，关系到政策的落实与制定、社会的稳定与和谐，所以更显重要。即使是具体的行业管理，了解民情或员工的心声也是管理者及时制定、实施和调整策略的主要渠道。

慎厥身，修思永。(《尚书·皋陶谟》)

【今译】

谨慎地修养自身，思虑要深远。

【时析】

这六个字简明扼要，一方面强调要谦虚谨慎，不断加强自身修养；另一方面指出思虑应该周密而深远。审慎地反思自己有助于克服骄傲自满的思想，深远地谋划未来则有助于趋吉避凶、逐步实现奋斗的目标。在现实生活中，努力做到严于律己，顾全大局，对个人人生和事业的发展均有积极意义。

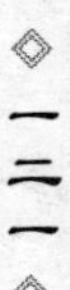

高仰，骄也；卑俯，替[①]也。骄近乱，替近疾。

（《左传·定公十五年》）

【注释】

① 替：松驰，怠惰。

【今译】

目空一切，这是骄傲自大；俯首帖耳，这是松弛怠惰。骄傲自大离祸乱就不远了，松弛怠惰离灾患就不远了。

【时析】

这里明显渗透了一种“中庸”的思想，它出自子贡之口，无疑受到了孔子的影响。骄傲自大，一般人都能看到，缺点是很明显的，与祸患比邻也容易理解；但是谦卑到无原则的程度，也是不好的，甚至反而是招致灾难的弱点和导火索，所以说，过分的谦卑也濒临于灾害。它给今天人们的启示是，既不能过分自高自大，同时也不能一味地谦卑自抑，放松要求，丧失自己的人格和个性。这种思想或许会对培育健全的人格有现实意义。

无礼而好陵[①]人，怙[②]富而卑其上，弗能久矣。

（《左传·昭公元年》）

【注释】

① 陵：同“凌”，凌驾。② 怙：依靠，凭借。

【今译】

没有礼义而喜好凌驾于他人之上，依靠财富而轻视上级，这是不能长久的。

【时析】

在春秋时期，人们很重视礼仪规范。通过对礼仪规范的遵守与破坏情况，可以推断人们的福祸吉凶。《左传》中有丰富的例证，而且准确性相当高。虽然古代的礼最终已退出了历史舞台，但是现代社会又具有包含现代精神的礼仪文明。礼对人行为具有规范制约作用，同时也能够彰示人们的文明修养。这些狂放自傲、恃财无礼的行为终究是取祸之道。所以古人说：“祸福无门，唯人所召。”

骄而不亡者，未之有也。(《左传·定公十三年》)

【今译】

骄傲自大而能保全的例子，从来没有。

【时析】

这是反对骄傲自大的格言，虽然说得冷峻了些，但也是对许多兴衰治乱悲欢离合历史事实的经验总结和概括。当头脑发热，骄傲之心潜滋暗长，人们便容易丧失警惕，沉迷于眼前的暂时的繁华和兴盛中，低估或忽视潜在的危险，从而导致事业和人生出现挫折。所以，在顺利的时候，不沾沾自喜、盲目乐观，的确是减少人生祸患的有效途径。

人道恶盈而好谦。(《周易·谦卦·彖辞》)

【今译】

作为人类行动法则的人道，它的真谛就是厌恶自满充盈而喜好谦虚恭谨。

【时析】

在日常生活中，那些盛气凌人、骄傲自大的人，往往遭人厌恶，而谦虚谨慎、兢兢业业的人则受到人们的尊重和敬仰，这也许是一种社会规律。尽管这种现象还没有充分说明"恶盈好谦"的深层次原因，但毕竟揭示了人们对骄傲和谦逊截然相反的两种态度。如果联系中国传统文化中悠久的"谦受益，满招损"的思想，便会很容易理解这种好恶产生的原因了。所以，《谦卦》"九三"爻辞称"劳谦，君子有终，吉"，虽有功劳但谦谨不骄，自然会有好结果。当然，《周易》经文的解释者们更多通过观察自然界的变化和规律，如日月等天体的运行，水土等地貌的变迁，发现自然界存在着"亏盈益谦""变盈流谦"的现象，盈益受到削弱或改变，而谦虚则被充实或增强。作为与天道、地道并称的人道，也难以逃出这个规律。这种智慧的省察，本身就是人思想的外化，它们内在是统一的。

子曰："……节用而爱人[①]，使民以时。"(《论语·学而》)

【注释】

①人:可泛指一切人群,也可特指士大夫以上各阶层的人。此处的“人”与“民”并举互文,似应指民力。

【今译】

孔子说:“……节约财物,爱惜民力,按照一定的生产时节安排老百姓劳作。”

【时析】

在中国传统文化中,有不少强调节约的观念,在先秦时期,就有孔子、墨子、老子等。在古人看来,“强本”“节用”两个方面是紧密结合在一起的,不能分割,除在根本上加强国家经济与社会的全面发展,巩固国家赖以存在的根本外,同时也要重视节约,约束欲望,使不必要的浪费和消耗减少到最低程度,这就是节约的观念。现在所说的“勤俭”建国、持家都意在从两个方面同时作以阐发,既要勇于开源,又要善于节流。现代社会在环境日益恶化、资源愈显紧缺的情况下提倡建设节约型的高效社会是极有意义的,也是个人和社会可持续发展的应有之义。孔子从节约财物、爱惜民力角度揭示了节约的重要,安排生产劳动也要遵循一定的规律,只有这样,社会才能和谐而健康地发展。

君子有三畏:畏天命,畏大人[①],畏圣人[②]之言。

(《论语·季氏》)

【注释】

①大人:身居高位的人。②圣人:道德超众的人。

【今译】

君子敬畏三种情况:敬畏天命,敬畏有高位的大人,敬畏圣人的言语。

【时析】

孔子谈到人要有一定的敬畏感。敬畏天命,不仅因为万事万物在默默中发生着变化,人的生老病死、荣辱贵贱,往往难以自己掌控,在古人看来,这是因为有天命在发挥作用,当然其中也含有后来人们所说的规律性的东西。另外,君子对权势和德行也有敬畏感。在社会中生活,实现“兼济天下”或“独善其身”的志向,不能不考虑一些具体的社会问题,要与大人共处,以实现自己的理想。圣人的言语体现了圣人的心胸和德行，是君子所向往的境界。孔子的话虽然在今天需要作重新的阐发，但是其中重视敬畏感则是很独到的。有所敬畏，才会反思自己的德行，促进德行的不断完善；有所敬畏，才会克制自己的私欲，防止欲望膨胀、积重难返；有了敬畏，才不会漠视客观的规律，从而在关键的时候做出理性和科学的决定。

子曰："举直错[1]诸枉，则民服；举枉错诸直，则民不服。"（《论语·为政》）

【注释】

① 错：即"措"字。

【今译】

孔子说："提拔正直的人，（使他们）位于邪曲的人之上，百姓就信服了；提拔邪曲的人，（使他们）位于正直的人之上，百姓就不会信服了。"

【时析】

这是孔子对鲁哀公问政时所提问题的回答，对比鲜明，揭示了得民心的关键在于用人，人才的品质至关重要。任用那些公正无私，胸怀磊落，敢于承担责任的人，他们会从大局着想，不会逃避责任，可以给百姓带来恩惠，百姓自然心服口服。如果小人得志，凌驾于那些正直的人士之上，人们便会怀疑自己的价值标准，心有怨愤。有德行有才能的人被贬黜，意味着社会价值准则的变化，同时它也是社会潜在危机的一支晴雨表，如果在一定职位上的人呼朋引伴，再任用的人员多是"同调"或"同道"，那么，好的或坏的效果均会被放大，结果是迥然不同的。因此，古代正直的臣子进谏时往往很重视任用贤人，不仅仅是有才能的人，而且是有德行、正直的人。

子曰："已矣乎，吾未见能见其过而内自讼者也。"（《论语·公冶长》）

【今译】

孔子说："算了吧，我还没有看见能发现自己过错而内心便进行自我批评的人。"

【时析】

居安思危，就个人为人处世而言，是在不违背道德良知、社会规范的条件下如何更好地规避不必要的过失和过错。时时反省自己，在各种纷扰面前能够保持对自己言行和德性的警觉，在反思中不断提醒和告诫自己，这样，过失和祸患自然会更少一些。但即使在现代社会，人们要勇于自我批评和反思，也还是需要勇气和决心的，因为自我批评除了要将自我作为冷静反思的对象外，还有可能面临着或大或小对自己以往行为的否定和责备。孔子对于人们不能自我反省、自我修正的慨叹，在今天也还是有现实意义的。

子夏曰："小人之过也必文。"（《论语·子张》）

【今译】

子夏说："小人犯了过失，一定要加以掩饰。"

【时析】

这是"文过饰非"的较早来源。也许，小人未必一定要和人的道德联系起来。在现实中，人们往往以这种或那种借口来掩饰自己的错误，反而容易增强别人对自己的反感，因为缺乏必备的诚信和面对错误的勇气。人非圣贤，孰能无过？关键不是错误本身，而是对待错误的态度，如果能冷静地反思和总结过失，错误也会成为学习的材料和向善的机缘。俗话说："吃一堑，长一智。"可见，有时"堑"具有益"智"的功效，但是，闭起眼来，漠视或文饰"堑"的存在，不积极吸取教训，那么，"堑"不仅不能益智，而且可能会成为更大"堑"的前奏。人生虽未必一直能顺遂如意，但只要不断总结经验教训，不逃避，能够直面不足和过失，错误自然是可以减少和避免的。

持而盈之，不如其已；揣[1]而锐[2]之，不可长保。金玉满堂，莫之能守；富贵而骄，自遗其咎。（《老子》第九章）

【注释】

① 揣：捶击。② 锐：使锋利。

【今译】

志得意满，不如适可而止；显露锋芒，锐势难以长保。满屋金玉财宝，没有人能够守藏；因为富贵而生骄矜，恰恰是自己招惹祸患。

【时析】

这段语句，在新发现的地下史料郭店楚简《老子甲组》中写作："持而盈之，不若已。揣而群之，不可长保也。金玉盈室，莫能守也。富贵骄，自遗咎也。"意思完全相同，只是表述略有差异。它们本来是论证符合"天之道"的"功遂身退"做法的论据，但是这些论据本身不仅是对当时社会现实的冷静洞察和简明反映，同时也暗含着不少人生哲理。俗语说："谦受益，满招损"，"骄傲使人退步"。事情往往在成功或临界成功的时刻发生了根本性的转变。一味逞强使性，锋芒毕露，难以保证有较强的持续性和发展后劲。财物名位，往往会成为招致祸患的诱因。老子认为"自见者不照，自是者不新，自我者无功，自矜者不长"(《老子》第二十四章)，那些自以为是、持强逞能、自我夸耀、自我矜持的人并不了解自己，不能使自己获得长进，也不能使自己功绩显著、赢得长久。老子也说"甚爱必大费；多藏必厚亡"(《老子》第四十四章)，过于爱名就必定要付出很大的耗费，丰厚的财物必定会招致惨重的损失。当一个人在志得意满、事业成功、名利兼得的情况下，冷峻的反思是很必要的，提醒自己收敛意欲、含藏动力，或许可以避免掉许多不必要的危险。

王公大人未知以尚贤使能为政也。逮至其国家之乱，社稷之危，则不知使能以治之。亲戚则使之，无故富贵、面目佼好[①]则使之。夫无故富贵、面目佼好则使之，岂必智且有慧哉。若使之治国家，则此使不智慧者治国家也，国家之乱既可得而知已。（《墨子·尚贤中》）

【注释】

① 佼好：即"姣好"，容貌俊美的样子。

【今译】

王公大人不知任用贤能之人处理政务。一到国家丧乱，社稷倾危，就不知道尚贤使能来治理它。凡是亲戚就任用他，凡是无缘无故得到富贵、面目

生得美丽姣好的就任用他。那些无缘无故得到富贵、面目生得美丽姣好的就任用，难道这些人都很有智慧吗？如果使他们治理国家，那是使不聪明的人治理国家，国家混乱也就可以知道了。

【时析】

用人很重要，不能拘泥于外表与血缘关系。《论语·学而》篇说“巧言令色，鲜矣仁”，也认为美貌出众、巧舌如簧的人不堪大用，因为这些人往往缺乏内在的道德涵养。墨子强调任人要重视能力和智慧，选拔人才不能以血缘亲疏和面貌美丑为标准，这种可贵的人才观在今天也是值得借鉴和称道的。在现实生活中，不排除有血缘、地缘、学缘等形成的各种裙带关系，或大或小干扰着人才的选拔和任用，相貌的美丑也未完全退出角逐的行列，因此，墨子的智慧之语对今天依然有振聋发聩的作用。

子曰：“民以君为心，君以民为体。心好则体安之，君好则民欲之。故心以体废，君以民亡。”（《缁衣》）

【今译】

孔子说：“百姓将国君作为心，国君则把百姓作为体。心清明自然体安适，国君仁贤百姓自然心愿归向。所以心（可能会）因为体而废弃，国君（也可能会）因为民而灭亡。”

【时析】

郭店楚简《缁衣》篇所引用的这段材料将国君和百姓的关系比作心和体的关系，很形象生动。对于芸芸众生来说，形成一定的共识，有明确的理智判断，有时难免要依托或借鉴他人作参考。在古代社会，往往统治者的准则潜移默化地成为了老百姓的行为规范。国君如果离开了百姓的辅卫，也就会成为真正的孤家寡人，所以《诗经》中有首诗《麟之趾》，专门强调国君对“体”辅卫功能的重视。因为“体”和“心”是不可分割的整体，他们的命运紧密地联系在一起。今天，虽然现代社会的公民意识（包括权利、义务、法律、独立、自由的意识）在不断增强，但是如果担任某个岗位领导职务的人能充分清楚自己与同事（或下属）的密切关系，如身心关系一样，是一个有机的活泼泼的整体，这样会减少多少内耗和不必要的人际冲突。如果真能够意识到一个集体的有机性，自然会降低风险和失败的机会。

方在下位，不以匹夫为轻，及其有天下也，不以天下为重。有天下弗能益，无天下弗能损，极仁之至，利天下而弗利也。（《唐虞之道》）

【今译】

名微位卑时，即使普通的百姓也不敢轻视，等到占有天下，也没有（过分地）看重天下。有了天下并没有给自己增加什么，没有天下也没有损失掉什么，这才是最“仁”的境界，以利天下为利，而不是计较自己的得失。

【时析】

郭店楚简《唐虞之道》篇主要从儒家的口吻谈了不少治国的道理。这段文字揭示了一种高尚的名利观念。过去曾经有句俗语，叫“时位之移人也”，说人的名利观念会随着身份地位的变化而变化。所选文字则较好地体现了面对功名的淡薄心态，正因为名利是身外之物，拥有了未必能真正增加自己的身心修养，没有也未必能真正损害自身修养，这样，勤勤恳恳、以大众的利益作为最大的利益，心系他人，心系天下，因名利而招致的祸患是不是会减少呢？

夫唯不盈，是以弊不新成。（《文子·九守》）

【今译】

有修养的人办事不刻意追求圆满，所以也不会遭到新的重大失败。

【时析】

这是《文子》引《老子》第十五章中的句子，有助于解决《老子》探讨中的一个细小问题。《老子》原作：“夫唯不盈，故能蔽而新成。”“蔽而新成”往往被解释为“去故更新”的意思。如果注意到《文子》的引用，该句应为“敝（弊）不新成”，其中“而”与“不”因形近而发生讹误，意思是不会再重新发生过失。因而，对于有修养的人来说，办事不追求圆满充盈，所以也不会遭到新的重大失败，这种人表面保守，实际上反而能得到新的成功。“谦受益，满招损”在今天也有一定的借鉴意义。

土处下，不争高，故安而不危。水流下，不争

疾，故去而不迟[1]。（《文子·符言》）

【注释】

① 迟：缓慢。

【今译】

土处于最下，不与其他事物争高，所以安然而没有危险；水流向下，不争迅疾，所以流淌并不缓慢。

【时析】

这是在阐发老子“不争之争”的智慧。表面看起来仿佛谦退隐忍，实际上正是谋求进一步地伸展生发。谦虚处下，不争一时的表面高低，反而安全，没有危险。正是这种谦虚处下，才可以使事物获得持续稳定的发展，坚持不懈，最终会凸现出锲而不舍的力量和效果。不争一时的高低快慢，才能取得最终的成功。

桀纣之失天下也，失其民也；失其民者，失其心也。得天下有道：得其民，斯得天下矣。得其民有道：得其心，斯得民矣。得其心有道：所欲与之聚之，所恶勿施。尔也[1]。（《孟子·离娄上》）

【注释】

① 尔也：尔，如此；也，用法同“耳”。“尔也”即“这样罢了”。

【今译】

夏代的桀和商朝的纣之所以会失掉天下，关键是失掉了百姓的支持；失掉百姓的支持，关键是失掉了民心。获得天下有一定的方法：获得了百姓的支持，便获得了天下。获得百姓的支持有方法：获得了民心，便获得了百姓的支持。获得民心也有方法：他们所希望的，给与他们，或者为他们积聚起来；他们所厌恶的，不要施加在他们身上。不过这样罢了。

【时析】

孟子论述民心的意义和得民心的方法，在今天依然有深远的启示意义。无论是从事哪种管理工作，往往都会遇到与上下级如何处理关系的问题或类似的问题，大到国家治理，小到家庭经营。例如得到下级的真心支持，领导工作便容易做，上下齐心协力，众志成城，就容易成功。最重要的是，孟子提出来的获得民心的方法，是要注意百姓的愿望和利益，从百姓的实际需要出发，或益或损，与百姓的愿望和利益一致，才能切实获得百姓的支持。虽然这在古代还只是一种政治理想，但是在今天如果真正能够做到以民为本，一切从群众利益出发，则社会的和谐进步便会真正实现。

孟子曰："人之患在好为人师。"（《孟子·离娄上》）

【今译】

孟子说："一个人的缺点在于喜欢逞强，处处想做别人的老师。"

【时析】

担当他人的老师，无可厚非。毕竟社会、人生、历史、万千世界复杂多变，个人可以为他人提供知识的咨询。但是，如果目空一切，时时处处自恃聪明，自觉不自觉地将自己的意见和看法强加在别人身上，这就是"好为人师"的做法。所以，"好为人师"并不是"师"的责任感和荣誉感，而是对"师"的职责的扭曲。看不到他人的长处和优点，刚愎自用，听不进忠告和批评，就容易姑息缺点、滋生隐患。同时，"好为人师"也不利于正确处理人际关系。

吾在天地之间，犹小石小木之在大山也，方存乎见少，又奚以自多！（《庄子·秋水》）

【今译】

我在天地之间，就像小石块小树木在大山上一样，是微不足道的，现在正保存着这种谦虚的心思，哪敢自满骄傲呢！

【时析】

这是庄子借海神北海若之口表达的对人生价值的认识。如果从更加开阔的视野和心胸来看待自己，过去的成绩又算得了什么呢。在自然界中，人又是何等的渺小。运用谦和的心理对待万事万物，远离骄傲自满的陋习，这是多么重要呀！

天下有至乐无有哉？有可以活身者无有哉？今

奚为奚据？奚避奚处？奚就奚去？奚乐奚恶？

夫天下之所尊者，富贵寿善也；所乐者，身安厚味美服好色音声也；所下者，贫贱夭恶也；所苦者，身不得安逸，口不得厚味，形不得美服，目不得好色，耳不得音声；若不得者，则大忧以惧，其为形也，亦愚哉！

夫富者，苦身疾作，多积财而不得尽用，其为形也亦外矣。夫贵者，夜以继日，思虑善否，其为形也亦疏矣。人之生也，与忧俱生。(《庄子·至乐》)

【今译】

天下有没有至极的欢乐？有没有安身立命的秘诀？现在应该做什么，什么是依据？什么要避开，什么要坚持？什么要择取，什么要舍弃？什么要喜欢，什么要厌恶？

人世间被人们所称道的，大概是富有、尊贵、长寿、善行了；所快乐的，大概是身体安逸、饮食丰盛、服装华美、色彩美丽、音乐悦耳；所厌弃的，大概是贫穷、卑贱、夭折、丑恶；所困苦的，大概是身体得不到安逸，口腹得不到美味，外表得不到华服，眼睛得不到美色，耳朵得不到妙乐；如果得不到这些，就特别感觉到忧惧。这样只注重形体，难道不是太愚昧了吗！

那些富人，困苦身体，辛勤劳作，积聚下很多财富却不能完全享用，这对自己的形体来说却是外在的。那些贵人，日以继夜，思考着德行是否善良，这对自己的形体来说却是疏远的。人的降生，本身就是与忧愁一同降生。

【时析】

《至乐》本是《庄子》中探讨人生快乐和面对生死态度的篇章，教人淡泊存身，返朴归真，超脱世俗拖累。它对各类人生忧惧的分析，已入木三分，至今依然有很深刻的现实意义和启发。关于人生的思考有一系列永恒的话题，它们给人以理性的视野和智慧的启迪。庄子在对人生至乐境界追问的基础上，考察了人生选择以及选择的原因等问题。他在对人们日常的忧患意识进行观察和分析的基础上，指出这些烦恼和思虑对人自身护养完满自足的人生和精神是外在的、疏远的，是微不足道、难以奏效的。他清醒地指出："人之生也，与忧俱生。"人生本来就伴随着各种各样的忧患意识，对庄子来说，只有直接

和身心性命联系才是护养身心生命的关键。这既从个体人生角度启示人们反思人生的意义和价值，特别是忧患的层次和意义，又从日常现象角度提醒人们加强对各类隔靴搔痒行为的警惕和观察。这无疑在中国思想文化史上丰富和发展了中国传统文化和人文精神中的忧患意识，从而在个体人生的意义上深化和丰富了这一主题。

夫霸王之所始也，以人为本。民理[1]则国固，本乱则国危。（《管子·霸言》）

【注释】

① 理：即治，与“乱”相对。

【今译】

霸王之道的基础，是以人为本。人们安定太平，国家就会稳固；人这个根本动摇混乱了，国家就会出现危险。

【时析】

在中国古代思想文化史中，“以人为本”“以民为本”的观念出现比较早，后来又有持续的承继和发展。尽管当时的“以人为本”观念与今天的“以人为本”思想有很大的区别，但也反映了中国优秀传统文化的时代感和生命力。今天，以人为本既强调了人在社会生活中的重要性，同时也包含有尊重人的权利、平等和自由，重视人的尊严和价值的时代内涵。这种根源于民本思想的观念值得今人不断反思总结。

国之所以不治者三：不知用贤，此其一也；虽知用贤，求不能得，此其二也；虽得贤，不能尽，此其三也。正名以御之，则尧舜之智必尽矣；明分以示之，则桀纣之暴必止矣。贤者尽，暴者止，则治民之道不可以加矣。听朝之道，使人有分。（《尸子·发蒙》）

【今译】

国家之所以难以治理原因有三种：第一，不知道任用有才德的人；第二，虽然知道任用有才德的人，但是不善于发现人才；第三，虽然得到了人才，但是不能人尽其才。按照正名的原则循名责实，就是尧舜那样出众的智慧也一定会充分发挥出来；明确人们的名分和职责公布天下，就是桀纣那样的恶劣凶残也一定会被制止。才德贤良的人各尽其才，凶暴的人能够停止作恶，那么管理社会的措施再也没有更出色的了。处理事务的关键，就在于使人明白各自的职责和位置。

【时析】

重视人才，不仅要体现在观念上，要有明确的重视德才兼备者的自觉意识，同时还要落实在实践上，主动发掘人才，并能充分发挥人才的才能和潜力。在《尸子》的作者看来，做好管理的成功经验就在于“正名”和“明分”，在思想上与荀子、韩非比较接近。但这两种措施同时也是具体落实人尽其才的可行策略。在今天，使人明白自己的职责和位置，既方便开展工作，又可增强考核的效果和力度，依然是提高管理效率、充分发挥人才才干的有效途径，某种意义上甚至也是阻止贪污腐败等的辅助措施。

法不能独立，类不能自行；得其人则存，失其人则亡。法者，治之端也；君子者，法之原也。

（《荀子·君道》）

【今译】

法律不会自行产生，判例也不会自行适用；有了好的法官来把握就会融会贯通，没有好的法官来把握就形同虚设。法律，是治国的端始；君子，则是法律的根本。

【时析】

治理国家的主要手段之一是法律。法律的条文与精神如何在纷繁的现实生活体现，关键则在于人，当然，这里的人主要指法律领域的专门工作者。在荀子那里，“人”“法”“类”三者中“人”的作用是第一性的、主要的，法律条文再详备也不可能囊括各种复杂的情况，因此在审判中要靠法官根据具体情况机动灵活地独立思考，融会贯通，真正实现法律的效力。法官不仅应当明晓法律条文，更要把握法律条文所依据的法律精神，因为法律精神是相对稳定的因素。这里，仅从法律应用角度揭示了人与规范的关系问题，规范是静止的、被动的，而人是能动的、灵活的。在现代社会生活中，法律是影响和维系人们行为的重要尺度，但是在法律实施的各个环节中，人的主体因素也是很难完全抹去的，因而《荀子·君道》的这种思路也值得参考。如果不注意法律条文的原则性与灵活性的统一，就容易滋生不公平、不公正的现象，社会就会出现危乱的因素，是值得关注的内容。

身定，国安，天下治，必贤人。（《吕氏春秋·求人》）

【今译】

身心安定，国家康泰，天下大治，一定要依靠品德和才干都很出众的贤人。

【时析】

贤人，即品行兼备、德才优秀的人，是个人和社会得以良性运转的保证。重视人才也是居安思危问题中的重要内容之一。

言极则怒[1]，怒则说者危，非贤者孰肯犯危？而非贤者也[2]，将以要利[3]矣。要利之人，犯危何益？故不肖主无贤者。无贤则不闻极言，不闻极言则奸人比周、百邪悉起，若此则无以存矣。凡国之存也，主之安也，必有以也。不知所以，虽存必亡，虽安必危。（《吕氏春秋·直谏》）

【注释】

①言极则怒：话说到极点则容易责备人。②而非贤者也："而"读为"如"，如果。③要利：求利。

【今译】

进谏的人话说到极点就容易责备人，责备人的人处境就很危险，不是德才贤良的人，谁肯冒这样的危险？如果不是贤才，将会以求利为目的。唯利是图的人，冒险有什么好处呢？因此，没有才德的管理者就没有贤良的下属。没有杰出的人才自然听不到刺耳的意见，听不到刺耳的意见就会小人环绕、坏事迭起，像这样便很难保证安稳了。凡是国家安泰，管理者平安，一定都是有原因的。不知道其中的原因，即使存在也会面临灭亡的危险，即使安康也会遭到不测的打击。

【时析】

国家和个人的安危都是有一定规律的，有内在的原因，这就是所选语段中提到的“以”。只有真正明白了安危存在和转折的关键环节，自然可以提醒人们珍惜难得的机会，发扬优点，克服缺点，按照事物的内在规律促进事物的发展。安危问题中一个重要因素是用人，特别是任用正直的人。他们不受名利的束缚和左右，敢于直言，这样便于管理者及时发现隐患，防患未然。如果因为害怕冒犯了尊严，一味采纳迎合自己心意的言论，一定会掩盖事情的真相，姑息养奸，给日后埋下祸根。春秋时期人们主张“和而不同”，就是要通过不同的意见全面了解事物，只是听从悦耳动听的言辞就很危险了。

凡举人之本，太上以志，其次以事，其次以功。三者弗能，国必残亡，群孽大至，身必死殃。（《吕氏春秋·遇合》）

【今译】

大凡推举人才的根本，最上的是根据心志，其次是观察表现，再其次是依凭功绩。如果这三个方面都不能做到，国家一定会面临灭亡的危险，各种各样的灾孽纷至沓来，个人性命也难逃戕害。

【时析】

“居安思危”中的一个很重要的主题是任用人才；因用人不当导致的祸国殃民例子，历史上很多，所以，不少祸患潜伏在如何推举人才上。《遇合》篇提到的三个用人标准，在今天依然有现实意义，特别是其中对三个标准的轻重评价。最主要的是要考察德行，要看有无处理复杂问题的志向和内在修养，没有可以统帅的“志”，其他具体的工作便会散乱，难有头绪；其次是观察在实际工作中的表现，这是对一个人实际工作能力和经验的最直接的验证；最后是考察已经取得的成绩，因为影响成绩取得的因素很多，未必能够直接反映某个具体个人的才能。整体上，这种评价的次序是独到而可行的。与关系亲近、面容娇好、财力充实等复杂的用人因素比较起来，《遇合》篇的用人三法高明而精到，无可比拟。如果不从这三个方面来做，用人不当便会导致国家和个人的不幸，而这一点也已是宝贵的历史经验总结了。即使在现实生活中，选取人才，这三个方面依然有重要的参考价值。

知不知上矣。过者之患，不知而自以为知。（《吕氏春秋·别类》）

【今译】

知道自己无知算得上最高的境界了吧。犯过失的人最大的问题，就是不知道却自认为知道。

【时析】

对自己能有比较全面而准确的认识，实际上很困难，特别是不掩饰自己的无知，则更加困难，因为这要付出意志努力。承认不足，就有可能做出更加切合实际的部署，逐步获得成功。所以，“知不知”是一种清醒的认识，也是认识中很高的境界。现实生活中，自以为是，以不知为知，会闹出多少笑话和悲剧呢？

国之将兴，必有祯祥，君子用而小人退。国之将亡，（必有妖孽，）贤人隐，乱臣贵……“安危在出令，存亡在所任。”（《史记·楚元王世家》）

【今译】

国家将要兴盛，有一些苗头，有才有德的君子被重用了，而无才无德的小人被摒退了。国家将要衰败的时候，（也会有一些不好的苗头，）那些贤良的人士被迫退隐，而祸国殃民的官员反而地位更加尊贵……“安危的关键在于国家所发布的号令，存亡的要害在于是否能任用德才兼备的人才。”

【时析】

司马迁所说的“祯祥”（甚至包括“妖孽”）丝毫没有神秘的色彩，他重视的是可以观照的现实，用对待人才的观念来分析国家兴亡，君子和小人位置的升降问题。虽然传统的用人观念 与今天已有了很大的不同，但是在强调德与才的统一上，依然有共同之处。才与德的具体内涵或许会有时代的鲜明差异，但现实启示人们，愈来愈重要的是建基于仁爱之心、诚信原则与责任感等基础上的人才。他们的进与退关乎到事业的兴衰成败，同时也是国家安危的一个显而易见的符号。

国之所以存者，非以有法也，以有贤人也；其

所以亡者，非以无法也，以无贤人也。（《淮南子·泰族训》）

【今译】

国家之所以保存的原因，不是因为有严密的法令，而是因为有德才兼备的贤人；它之所以灭亡，也不是因为缺乏法令，而是因为没有众多人才的缘故。

【时析】

《淮南子》受老子思想的影响，反对名目繁多的法令，法令滋彰，这些都是治理国家的手段，而不是根本。当然，与老子不同的是，《淮南子》受到一定的儒家思想的影响，比如重视人才（特别是贤人）在国家管理中的重要作用。对于现代人来说，明确的成体系的法律制度建设固然重要，但是这些法令也不过是规范和调节人们社会行为的措施，而远不是目的，最重要的还是人的素质。人的品德高尚，重视诚信，相互和睦，在政治、经济、社会生活中既遵循相应的规定，又能自觉地提高自己的人文道德素质，社会才能真正步入健康的良性的发展轨道。当然，这里《淮南子》完全割裂人才和法制关系的认识自然也很难避免片面性。

不患择之不熟，而患求之与得异也；不患其不足也，患其贪而无厌也。（《盐铁论·疾贪》）

【今译】

不担心选择不深思熟虑，就害怕得到的人与愿望不符；不担心他能力不强，就害怕贪欲太盛难以满足。

【时析】

这是人们在选用人才的时候所担忧的问题，因为它关乎国家的治乱、个人的安危，所以也是“居安思危”的重要内容。考察人才，或许已经百般选择，但是入选的人是否完全能够达到用人者的需要，则是需要具体分析的。在人的能力和品德方面，能力薄弱可以通过后天的努力不断增强，如果贪欲旺盛、不知收敛，则不知道会做出怎样的事情，所以道德问题反而成为主要的问题了。在现实生活中，德才兼备者虽然不乏其人，但在能力和品德不能同时兼备的情况下，或者借助法律等规范强行约束人们的行为，引导他们在展现能力的同时节制自己的欲望；或者只好强行要求人们的品德，逐步弥补和提高

能力。不注重克制贪欲,就很难杜绝腐败现象的发生。

《军谶》[①]曰:"善善不进,恶恶不退,贤者隐蔽,不肖在位,国受其害。"(《三略·上略》)

【注释】

①《军谶》:相传为古代兵书,已佚失。

【今译】

《军谶》说:"喜爱好人却不任用,厌恶坏人却不摒退,有才有德的人隐蔽不出,无才无德的人占据要津,如果一旦有这种情况,国家就会受到祸害。"

【时析】

国家祸害的发生最重要的一个原因是未能及时任用人才。但是问题复杂在观念上明知善恶贤愚的区分,并且有正常的好恶评价,但是在行动上却难以付诸实施,就像尽管知道糖果对牙齿会有损伤,但却难以抑制尝试的欲望。这有助于思考用人问题的复杂性。"巧言令色,鲜矣仁",那些没有德行,以华美的外表和动听的言辞作为装点的人,往往能够得到管理者的欢心和喜好。正因为如此,意识到危险的存在,而未及时采取果断的措施,才是危险中最危险的。

司马迁

夫学者所以求益耳。见人读数十卷书,便自高大,凌忽[①]长者,轻慢同列;人疾之如仇敌,恶之如鸱枭[②]。如此以学自损,不如无学也。(《颜氏家训·勉学》)

【注释】

①凌忽:冒犯,不尊敬。②鸱枭(chī xiāo):鸱与枭都是古人认为的猛禽。

【今译】

人们学习的目的本来是为了增益自己的才德。生活中有人读了几十卷书，就自高自大了起来，冒犯尊长，轻慢同辈(僚)；别人痛恨他如同看见了仇敌，厌恶他如同对待鸱枭。像这样用学习损减自己的德行，真不如不学习呢。

【时析】

学习如果不能增益才德，至少不能减损才德。因为阅读了一些典籍，明白了一些道理，便骄傲自大，目空一切，成为众人厌恶和憎恨的人。这种使自己德行有所亏损的行为实在是要不得的，如果完全是因为学习不当引起，那么，这种学习也值得反思和怀疑。这段文字虽离不开当时具体的历史背景，但是在现代社会生活中，因行为不妥而使自己处境尴尬艰厄的例子也并不罕见。

人足所履，不过数寸，然而咫尺之途，必颠蹶①于崖岸，拱把之梁，每沈溺②于川谷者，何哉？为其旁无余地故也。君子之立己，抑亦如之。至诚之言，人未能信，至洁之行，物或致疑③，皆由言行声名，无余地也。(《颜氏家训·名实》)

【注释】

①颠蹶：跌倒，颠仆。②沈(chén)溺："沈"同"沉"。"沈溺"即"沉溺"。③物或致疑："物"在此指人。"物或致疑"即"有的人表示怀疑"的意思。

【今译】

人们足迹所践履的地方，大小不过几寸，但是在咫尺宽的山路上行走，一定会从山崖上跌下去；经过拱把大小的独木桥，也会经常沉溺水中，什么原因呢？因为旁边没有余地呀。君子要在社会上立稳脚跟，或许也会像这样。最诚信的话语，人们未能相信，最高洁的行为，有些人往往产生怀疑，这些都是由于言论行为声名太好，没有留有余地造成的。

【时析】

这是在总结具体人生经验的基础上提出的处世之道。除注意到"盛极而衰"规律外，主要强调为人处事不能停留在至高境地，否则给自己留下的余地(或生存空间)就小了。虽然它是一种比较被动的办法，但是毕竟提醒人们在事业获得较大成功和顺利时，应该谦虚谨慎，留有余地，不可骄傲自满，以避免误解和猜疑。

天地鬼神之道，皆恶满盈。谦虚冲损，可以免害。人生衣趣①以覆寒露，食趣以塞饥乏耳。形骸之内，尚不得奢靡，己身之外，而欲穷骄泰邪？（《颜氏家训·止足》）

【注释】

①趣：仅，仅够。

【今译】

自然万物的法则，都是厌恶满溢充盈。谦虚淡薄，可以用来免除祸害。生活中衣服不过能够覆盖身体抵御寒露，食物只要能够充饥满足缺乏罢了。衣食是与人本身密切相关的事情，尚且不能奢侈浪费，何况那些并非身体急需的事情，又何必要穷奢极欲呢？

【时析】

中国优秀传统文化中的智慧之一就是谦虚处下，反对骄傲自满。谦虚处下，不至于忘乎所以，自然可减少祸患。具体到人生问题上，不少社会活动都是为了满足人的衣食住行（特别是衣食两项）基本需要。但是，值得现代人反思的是，当人的欲望过分膨胀时，衣服追求高贵华丽，食物追求精细排场，住与行也都有了新的目标，似乎已经没有基本的满足尺度了，这样人与自然、人与人、人与社会、人与自己本身的关系变得紧张起来了。《颜氏家训》提到的衣食朴素原则，虽未必要刻意模仿，但却含藏着令现代人反思自己行为目标的基本要素，那就是人类理想的目标有没有与他者和谐共处的一个基本点。或许当人们意识到谦虚处下的现代意义时，这个问题才真正能够得到切实的解决。

夫国危不治，民不安居，此失贤之过也。夫失贤而不危，得贤而不安，未之有也。（《诸葛亮集·举措》）

【今译】

国家危乱难治，百姓不能安居乐业，这是失掉德才兼备的贤人的过错啊。没有贤才却不危乱，得到贤才却不安宁，这是从来没有的事。

【时析】

这段文字从国家治理的角度进一步强调了人才的重要。人才，关乎国家的兴亡，社会的治乱。因此，对于人才的衡量标准应当谨慎，不仅适应社会实际的发展需要，而且具有高尚的思想文化和道德素质。中国古代对人才的论述，大多将才和德、文和质紧密结合，二者是难以分离的，如今天所说的内容和形式之间的关系一样。从这个角度，也许有助于加深对人才关乎国家前途的认识。它仍然具有跨越时空的时代意义。

致安之本，惟在得人。（《贞观政要·论择官》）

【今译】

获致天下太平安康的根本，关键是在得到人才。

【时析】

强调人才与安危的关系，一直是困扰古代开明君臣和历史学家的重要问题。君子小人与社会的治乱变迁有一定的内在联系，唐太宗就说：“观古来人君，行仁义，任贤良则理；行暴乱，任小人则败。”（《贞观政要·直言谏诤附》）当然，这个关系是比较复杂难辨的。唐太宗已经在自己的亲身经历和历史教训的基础上，揭示了百姓在国家治理和社会政治生活中的重要地位和影响，但是在具体问题上，他更加看重任用的官员是否贤能、有责任感。对现代人的启示是，在各行各业中人心很重要，但更重要的是人才，最大程度地发挥他们的潜能和聪明才智才是达到太平安康理想境界的根本途径。

以铜为镜，可以正衣冠；以古为镜，可以知兴替①；以人为镜，可以明得失。（《贞观政要·任贤》）

【注释】

①替：废，败亡。

【今译】

用铜镜作为镜子，可以观察穿着是否端正；以历史作为镜子，可以知道兴亡变化的规律；以贤人作为镜子，可以明白行为品德的得失。

【时析】

唐太宗李世民说自己有三面镜子，除过普通的铜镜之外，他将既往的历史和贤人也作为照察自己得失的镜子，防止了不少过错。今天，照衣冠的镜子的作用，每个人都会明白。但是以历史、他人作为参照，审视和反省自己，其意义却未必能被人们广泛认识。发挥历史的现代价值，重视他人的意见和建议，无论对个人和团体，都是很重要的。

鲁哀公问孔子曰："鲁有大忘，徙而忘其妻，有诸？"孔子曰："此忘之小者也。昔商纣有臣曰王子须，务为谄，使其君乐须臾之乐，而忘终身之忧，弃黎老之言，而用姑息[①]之谋。"（《太平御览》卷四百九十）

【注释】

① 姑息：姑，指女性；息，指子息，儿童。"姑息"与上文"黎老"相对。

【今译】

鲁哀公问孔子说："鲁国曾有遗忘大事的人，搬家后就忘了妻子，可真有这件事吗？"孔子答道："这还是遗忘小的事情。以前商纣王有个臣子叫王子须，经常讨好纣王，让纣王沉浸在短暂的欢乐中，而忘却了亡国的终身大忧，抛却老人的忠告，而采用妇女儿童短浅的计谋。"

【时析】

这是一段很有趣的对话，见于《太平御览》《绎史》《尸子校正》等。鲁哀公认为忘记了与自己朝夕相处的妻子已经是很难理解的事了，而在孔子看来，这还算不上最关键的问题。最重要的是国君沉湎于小人的阿谀奉承，忘却了治理国家的大事，没有了忧患意识，这个时候，任何忠告都无济于事，事情会愈来愈糟，相对于忘掉妻子来说，忘掉天下才是最可悲哀的事。总之，孔子运用故事既谈明了要分清主次，同时又要树立忧患意识，远离谗言和谀辞。

孔子谓子夏曰："商[①]，汝知君之为君乎？"子夏曰："鱼失水则死，水失鱼犹为水也。"孔子曰：

“商，汝知之矣。”（《艺文类聚》《太平御览》）

【注释】

① 商：即卜商，字子夏，孔子的学生。

【今译】

孔子对自己的学生子夏说：“商，你知道国君之所以为国君的道理吗？”子夏说：“鱼儿离开水就会死掉，水中如果没有鱼仍不失为水。”孔子说：“商，你明白了其中的道理。”

【时析】

这段对话很幽默，见于《艺文类聚》卷十一，《太平御览》卷七十七、六百二十等。姑且不讨论该史料的流传渊源和演变，用鱼水意象来比喻国君与臣民、上级与下级之间的关系，由来已久。但是很少有人深味其中的哲理，大多数人认为鱼水意象只是强调二者关系密切，不能分离，并未进一步考虑二者如果分离后的后果，从而揭示出这对矛盾统一体在相互关系中的不同价值。相较而言，鱼对水的依赖性更大，鱼离开水的养育和滋润就会死亡，而水离开鱼对自身并无大的妨碍，自己依然还是水。君主与臣民、上级与下级就像鱼和水的关系一样。这种辩证的思维方式有助于使领导者保持谦虚谨慎的心理，防止做出违背人们根本利益的事情。

安危之本，在于任人。（《温国文正司马公集·上皇太后疏》）

【今译】

安危的根本，在于如何任用人。

【时析】

这也是从用人的角度，强调安危问题与人员管理之间存在着必然联系。在今天依然值得借鉴。

盖国之根本，全在小民，其兴其亡，不在大族，不在诸侯，不在奸雄、盗贼，止在小民之身。（《增修东莱书说·召诰》）

【今译】

国家的根本，全在小小的百姓，它的兴盛和衰亡，不在那些显赫的大族，不在那些尊贵的诸侯，不在那些不可一世的奸雄、盗贼，只是在小小的百姓身上。

【时析】

“以民为本”思想在中国古代思想文化和社会生活中具有很重要的地位，并在不断地发展演进着。重视民力，特别是重视在常人看来极其普通的百姓的力量，是难能可贵的。在南宋时期的吕祖谦看来，对社会历史产生重大影响的，并非那些高贵强悍的社会阶层或人物，而是普通的百姓和大众。今天，这种思想对于进一步加深认识和反思复杂的历史文化现象、重视普通大众的作用和价值将有深远的理论和现实意义。

安术危道

众怒难犯，专欲难成，合二难以安国，危之道也。……专欲无成，犯众兴祸。（《左传·襄公十年》）

【今译】

众怒难以平息，一意孤行难以成就大事，两个困难结合起来，想使国家安定，这也太危险了。……一意孤行不会取得大的成绩，冒犯大多数人一定会引起祸端。

【时析】

这是郑国子产说过的话，当时曾解救燃眉之急。是否能获得大多数人的支持，并且不刚愎自用，是事业获得成功的重要因素之一，尽管并不是全部原因。众志成城，上下和谐，具有团队的协作精神和凝聚力，事业便会兴旺发达。相反，失去大多数人的支持和拥护，听不进逆耳忠言，便会成为孤家寡人。同时，犯众本身就是很危险的事情，是引起各种矛盾激化的导火索之一。重视人心向背，加强自身修养，在今天的各类管理实践中依然有现实意义。

郑人游于乡校[1]，以论执政。然明谓子产[2]曰："毁乡校，何如？"子产曰："何为？夫人朝夕退而游焉，以议执政之善否。其所善者，吾则行之。其所恶者，吾则改之。是吾师也，若之何毁之？我闻忠善以损怨，不闻作威以防怨。岂不遽止，然犹防川，大决所犯，伤人必多，吾不克[3]救也。不如小决使道[4]。不如吾闻而药之[5]也。"然明曰："蔑[6]也今而后知吾子[7]之信可事也。小人实不才。若果行此，其郑国实赖之。岂唯二三臣？"仲尼闻是语也，曰："以是观之，人谓子产不仁，吾不信也。"

（《左传·襄公三十一年》）

【注释】

① 乡校：乡之学校。郑国人称“学”为“校”，不仅是教育子弟的地方，而且是辩论朝政得失的非正式场所。② 子产、然明：都是郑国大臣。③ 克：能，能够。④ 小决使道：道，通畅。⑤ 药之：以之为药，把它作为治病的良药。⑥ 蔑：然明的又一名称。⑦ 吾子：你，代指第二人称。

【今译】

郑国的人闲集于乡校，议论政治的得失。大夫然明对子产说：“把乡校撤掉，怎么样？”子产答：“为什么呢？那是人们早晚闲集游处的地方，来讨论国家政事的合适与否。他们认为好的，我就推行。他们认为不好的，我就改掉。这是我的老师呀，我为什么要毁掉它呢？我听说不断加强自己的德行，尽忠行善，减少人们的埋怨，没有听说采用作威的方法防止怨愤的。难道不想立即制止？但是正如同防止大水泛滥，突然猛烈地打开决口，伤人一定会很多，我没有办法挽救。不如采用小决的方式慢慢疏导。（所以，毁掉乡校）不如让我听到这些议论，并作为诊治行为的良药。”然明说：“我今天才知道您真的可以一块儿共事。我实在才能驽钝，如果真是这样，正是郑国的真正依靠啊。难道还是他人吗？”孔子听到这些话，评论道：“由这件事来看，人们说子产没有仁德，我是不信的。”

【时析】

中国古代对待不同意见积累下的正反经验很丰富。有些国君采用高压政策，最后造成人们“道路以目”的恐怖局面，对于疗救政治得失也是一大缺憾。郑国的子产算得上开明的卿相了，他能够认识到人们议论政务对于改善执政能力的参考作用。一方面，民间的议论是民心的一种体现，是需要关注的，这有助于增强政策的针对性和有效性，也能获得民众的理解与支持。一方面，如果人们有什么不理解不满意的地方，通过私下议论疏导宣泄，防止矛盾的酝酿激化，也不失为高明的办法。同时，这种爱人的精神和理念，体现了一种德，即“仁德”，它是事业成功的关键和依靠。在现代管理活动中，如果能充分认识到讨论得失的双重功能，无疑要比表面的死一般的平静更富有生气与活力一些，也就更有价值和意义。

乱之所生也，则言语以为阶。君不密则失臣，

臣不密则失身，几事[1]不密则害成。是以君子慎密而不出[2]也。（《周易·系辞上》）

【注释】

①几事："几"读如"机"，"几事"即"机事"。②不出：指"不出言语"，不言才能保密，与首句"言语以为阶"呼应。一解为"不出户庭"。

【今译】

不少祸乱的产生，都是因为言语而起。君主言语不慎则臣子难安，臣子言语不慎则性命不保，机密事宜言语不慎则祸患会接踵而至。所以有才德的君子会谨慎自己的言语而不轻易吐露真情。

【时析】

这则语言片段谈及"保密"的重要，也是对历史经验的精炼概括。俗语说："言多必失。"虽然现代社会未必每一句不合适的言词都会导致杀身之祸，但是在现实生活中，却经常可以耳闻目睹因有意无意泄漏个人信息招致麻烦甚或血光之灾的例子，企业经营中因麻痹大意透露企业机密造成难以挽回损失的案例也屡见不鲜。所以，即使在今天，在有些场合，因人因事注意保密的重要性，依然很有意义。否则，上级可能出卖了下级，个人可能设下了自蹈的陷阱，一言可以兴事，也可以废事，祸福迥异。

不患寡而患不均，不患贫而患不安[1]。盖均无贫，和无寡，安无倾。（《论语·季氏》）

【注释】

①不患寡而患不均，不患贫而患不安：按照语义的逻辑，应作"不患贫而患不均，不患寡而患不安"。患：忧虑，担忧。

【今译】

不愁财富不多而愁财富不均，不愁人数太少而愁秩序不宁。因为财富均平，就无所谓贫穷；团结和睦，就不会感到人少；平安有序，就不会有倾覆的危险。

【时析】

孔子也有深沉的忧思。他除忧虑不修仁德、不重视学习的行为外，对经济社会生活也有自己的分析。当然，这段话似乎是孔子转述前人的思想，但是表现了孔子新的认识。财富不在于多少，而在于财富的合理分配。当然机械的平均或许不是分配的最好归宿，但是不公正地占有财富本身就是自取祸患的途径。人员不在于数量的多少，而在于能力的高低、协作的效率，不讲究效率与协作的群体，反而容易产生内耗、降低工作绩效。因此，这里的忧虑具有居安思危的意义。其中的辩证思维与朴素认识，对于今天处理某些经济问题、人力资源管理问题具有启示意义。

民有三患[1]：饥者不得食，寒者不得衣，劳者不得息，三者民之巨患也。然即当为之撞巨钟、击鸣鼓、弹琴瑟、吹竽笙而扬干戚，民衣食之财将安可得乎？即我[2]以为未必然也。（《墨子·非乐上》）

【注释】

①患：忧患。②我：指墨子。

【今译】

民众有三种忧患：饥饿的人得不到食物，寒冷的人得不到衣服，劳累的人得不到休息，这三样是民众的最大的忧患。然而当为他们撞击巨钟，敲打鸣鼓，弹奏琴瑟，吹响笙竽，舞动干戚，民众的衣食财物将能得到吗？我认为未必是这样。

【时析】

这段材料从墨子特有的"非乐"角度提醒人们不能过分沉湎于奢华，而是要重视关系国计民生的根本问题。在墨子的朴素认识里，饥饱、寒暖、劳逸三者尤为重要，已经触及后世所说的衣食住行等，这是每个人都会遇到的基本的经济和社会问题，具有十分重要的价值；那些所谓锦上添花的礼乐文明往往与直接的民生问题相去甚远。虽然墨子揭示了经济生活与文化艺术生活的不同特点和价值，对二者的关系也有所涉及，但是墨子忽视了人的社会文化生活需要的重要性。然而墨子提出的繁冗浮华的礼乐会走向形式化，与人们的实际生活隔绝起来，这种敏锐的理论眼光在今天也具有重要影响和深刻意义。

言无实不祥。（《孟子·离娄下》）

【今译】

说话没有内容,没有作用,是很不吉祥的。

【时析】

华而不实,流于形式,既没有作用,又容易掩盖事实和缺点,孟子用"不祥"或许有些夸张,但仔细思考,却不无道理。特别是当某些言词或文字是作为判断客观情况的依据、落实措施的凭借、升降人员的途径时,没有实质内容的言辞是无益甚至危险的。

凡人主必审分，然后治可以至，奸伪邪辟之途可以息，恶气苛疾无自至。夫治身与治国，一理之术也。今以众地者，公作则迟，有所匿其力也；分地则速，无所匿迟也[1]。(《吕氏春秋·审分》)

【注释】

① 无所匿迟也:据上下文似应作"无所匿其为也";或作"无所匿也",衍一"迟"字,也通。

【今译】

凡是管理者一定要根据工作人员的实际表现审核他们的职分,这样太平的景象才可以达到,奸诈虚伪私邪隐瞒的行为便没有途径,奇怪陆丽的现象便不会自己到来。修养身心与治理国家,道理是相通的。现在以大家共同耕地为例,共同劳作则动作迟缓,不愿意全部使出体力;单独劳动则动作迅捷,没有办法藏匿力量啊。

【时析】

居安思危,在具体落实的措施上,很重要的一项是要妥善管理好各级官员,形成廉洁高效、各司其职、各负其责、讲究效率与诚信的工作作风。这样,才有助于形成良好的工作局面,防止和避免各种邪恶现象的滋生。《吕氏春秋》专门设置"审分"篇讨论做事中名和实的问题,强调官员的举动应和自己的职分相符;因任授官,循名责实,加强对官员的管理,消除各种祸乱的产生。其中提到的责任落实到人、克服人浮于事等弊端的措施在今天仍具有十分重要的意义。

凡官者，以治为任，以乱为罪。今乱而无责，则乱愈长矣。（《吕氏春秋·任数》）

【今译】

官员，能尽职处理好政事才是称职，使政事紊乱无益则是过错。现在没有尽到职责而有过错的，却不加以处分，那么，反而助长了这种坏风气。

【时析】

法家主张名实一致，循名责实。官员如果没有做到恪尽职守，未完全实现自己职责本分，就应该得到相应的处罚。这体现了行政管理中责权统一、名实相符的原则，也是防止官员腐败、行政效率不高的有效措施。值得注意的是，如果对应该惩罚的行为未加惩罚，无异于默许或认同了该行为的合法性，因此，不采取果断措施不仅不利于加强对官员的管理，而且容易助长效仿的风气，名实不符的歪风就会进一步蔓延。

无备召祸，专独位危，简士[1]壅塞。欲无壅塞必礼士，欲位无危必得众，欲无召祸必完备。（《吕氏春秋·骄恣》）

【注释】

① 简士：傲慢、轻视士人。

【今译】

没有预先的防备就会招致祸患，专横独裁者的地位很危险，对待德行兼善的士人很傲慢就会堵塞言路。想要处理事务耳聪目明就一定要礼待士人，想要地位没有危险就一定要获得众人的支持，想不要招致祸患就一定要有完备扎实的预防措施。

【时析】

“无备召祸”，祸患的产生往往是在麻痹大意、没有丝毫防范的基础上产生的，对人们的生活会产生更深的影响。注意防患未然，提高警惕，是防止祸患的办法之一。当然，居安思危不仅仅包括对潜在祸患的预防，还要从各个方面考察自己的行为，如自己的工作作风、对待有知识人的态度等。如果刚愎自用，听不进逆耳忠言，不懂得尊重人才，那么，照样也是很危险的。

名正则治，名丧则乱。使名丧者，淫说也。说淫则可不可而然不然，是不是而非不非。故君子之说也，足以言贤者之实、不肖者之充[1]而已矣，足以喻治之所悖、乱之所由起而已矣，足以知物之情[2]、人之所获以生而已矣。（《吕氏春秋·正名》）

【注释】

①充：即实。②情：真实，事物原本的状况。

【今译】

名副其实则适宜合理，名实相违则悖乱不顺。让各种各样的名混淆难辨的，是因为不实的"淫说"。言辞称说不合实际，颠倒是非，不辨黑白。所以，有德行的人指称事物，不过是反映有才德的人和无才德的人的实际罢了，不过是说明治平景象如何逆转、祸乱怎么产生的原因罢了，不过是把握事物的真实状况、人生的道理罢了。

【时析】

《吕氏春秋》是先秦杂家的代表作，吸收有诸家的思想。尽管诸子学说中基本都有"正名"的问题，但所选语言片段集中强调"正名"的重要性，而且从治乱高度探讨事物名称的意义和价值，在先秦文化典籍中是独特的。治乱、安危与"名"有很大关系。如果违背名实相符的基本"正名"原则，会给社会生活带来不少混乱。处理事务、了解信息、选拔人才、安排工作等都要名副其实，否则容易给后续事务造成不必要的障碍。所以，从古到今人们主张"修辞立其诚"，今天也在大力提倡"诚信"的原则，可见名实相符的原则很重要了。当然，某些领域的名实相悖，或许是一种工作策略，但也是各种行为规范不够健全、人们的职业道德还不完备条件下的权宜之计，它们之所以在某种意义上奏效也恰恰证明了名实不符容易给工作带来混乱与干扰。

言者，以谕意也。言意相离，凶也。……惑者之患，不自以为惑，故惑惑之中有晓焉，冥冥之中有昭焉[1]。（《吕氏春秋·离谓》）

【注释】

①惑惑之中有晓焉,冥冥之中有昭焉:能够承认惑是惑,明白就已经存在了;能够承认昏暗是昏暗,分明就已经存在了。按:本句历代注家注释纷纭,难得要领,甚至怀疑文句有衍文,关键在“惑或”“冥冥”的理解上。有学者将“惑或”“冥冥”解为“甚惑”“甚冥”,于各家中独善,但文句似尚有不合。

【今译】

语言,本来就是传达意图的。言意相违背,是一种不吉利的征兆。……疑惑的人最大的危险,是自己不承认惑者为惑,所以能够承认惑是惑,明白就已经存在了;能够承认昏暗是昏暗,分明就已经存在了。

【时析】

语言是表情达意的手段。如果不能达意表情,语言就失去了价值。所以,言意不一致是很危险的事。对于有的人来说,沉迷在幻象中而不知回返,这才是迷惑最大的危险,因为缺少反省。如果认为能够认清迷惑和昏暗的实质,说明已经有了明白和分明的概念。重视语言内容和形式的统一,也是避免祸患的重要方式之一。所以《吕氏春秋·淫辞》也强调“言行相诡,不祥莫大焉”,如果言语与行动不一致,那么再也没有比它更大的不祥了。

察士以为得道则未也。虽然,其应物也,辞难穷矣。辞虽穷,其为祸福犹未可知。察而以达理明义,则察为福矣;察而以饰非惑愚,则察为祸矣。

(《吕氏春秋·不屈》)

【今译】

明辨是非的察士还谈不上领悟了道。虽然这样,他们待人接物,言辞也是很难穷尽的。即使言辞可以表达得很清楚,但到底是福是祸却很难断定。如果辨察的目的是明达通晓理义,那么这种辩论是一种福顺;如果辨察的目的是掩饰是非欺惑愚笨者,那么这种辩论是一种祸恶。

【时析】

辩论的目的本来是为把道理说得更充分,或者尽可能地揭示事物的真相。当然即使在现代社会中,夸夸其谈、颠倒黑白的例子也并未完全消失。因此,辨察不是关键,关键是哪些人辨察,为什么辨察。当然,辨察的目的直接影响了人生的祸福方向。作为把握理义的手段和途径，辨察是很有说服力的方法，它也是收获福顺的重要根据；如果将辨察视作装点言词、掩盖是非、愚弄他人的工具，那么辨察则有可能成为致祸的原因了。

上满下漏，患无所救。（《尉缭子·战威》）

【今译】

只顾满足上层的欲望而忽略下层的利益，这种祸患是无法挽救的。

【时析】

“上满下漏，患无所救”，虽然很扼要，但包括了民本的基本思想和丰富的历史教训。民是国家的根本，不能固本，自然无异于自蹈死地。在《尉缭子》的作者看来，实行仁政的国家，注意加强百姓的收入；实行霸道的国家，不断改善武士的待遇；没落的国家，只想增加中上层人的财富；濒临灭亡的国家，仅考虑增加君主自己的利益。这种朴素的结论也是对大量历史现象的总结。所以，消除祸患的根本前提是分清本末、源流。

用赏过者失民，用刑过者民不畏。有赏不足以劝[①]，有刑不足以禁，则国虽大必危。（《韩非子·饰邪》）

【注释】

① 劝：劝勉，鼓励。

【今译】

用奖赏的方法太过了就会失去百姓的尊重，用刑罚的方法太过了百姓就不会有敬畏感。有奖赏的措施却不能劝勉人，有刑罚的措施却不能禁止人，那么国家即使很大也一定很危险。

【时析】

韩非的论断不幸被秦朝的政治实践所验证。国家危险征兆很多，其中很重要的一条是各种治理措施难以发挥效力。古代的奖惩措施，如果丧失了奖惩的功效，奖赏不足以劝勉人的善德，刑罚不足以禁止人的恶行，国家治理秩序就会紊乱，长治久安就会成为昙花一现。所以，赏罚有度很重要。在今天

的人才管理中，妥当的赏罚措施有助于提高管理水平，增强团队的凝聚力和创新力。

安术有七，危道有六。安术：一曰赏罚随是非，二曰祸福随善恶，三曰死生随法度，四曰有贤不肖而无爱恶，五曰有愚智而无非誉①，六曰有尺寸而无意度，七曰有信而无诈。危道：一曰斫削于绳之内，二曰斫（断）割于法之外，三曰利人之所害，四曰乐人之所祸，五曰危人之所安，六曰所爱不亲所恶不疏。（《韩非子·安危》）

【注释】

① 非誉："非"读如"诽"。"非誉"即"诽誉"，诽谤和赞美。

【今译】

安定天下的措施有七种，自取危亡的途径有六种。安定天下的措施：一是按照是非曲直赏罚，二是根据品德善恶奖惩，三是依照法律规定决定生死，四是重视才能的称职与否而排斥内心的好恶，五是注重能力和智愚的区别而不计较人们的抑扬评说，六是做事有规矩而不主观臆断，七是讲求诚信反对欺诈。自取危亡的途径：一是行事不顾及规范标准，二是在法律之外裁断，三是利用他人的祸害谋取好处，四是幸灾乐祸，五是危及他人的安全，六是所欣赏的人不亲附，所厌恶的人不疏远。

【时析】

中国古代关于安危问题的论述相当丰富多彩，但奠基时期则在先秦。战国末期，韩非在前人论述的基础上，结合自己的法家主张将安危的途径和措施明确地加以总结，如果暂不考虑这些措施引导人"乐生重死"的法家因素，在整体上，这些措施具有一定的普适价值。其中渗透的重规范、事实、品德、才干、诚信，轻主观、舆论、欺诈等仍然具有时代意义。韩非列举的招致祸患的行为除违背道德原则的"利害""乐祸""危安"等外，主要侧重于行为要符合法律规范，既不能漠视法律的存在，也不能凌驾于法律之上，并强调主观目的与客观效果的统一。这些主张在今天构建和谐社会、加强法制建设、重铸诚信道德等方面具有深远的启示作用。

赏厚则所欲之得也疾，罚重则所恶之禁也急。夫欲利者必恶害，害者利之反也，反于所欲，焉得无恶。欲治者必恶乱，乱者治之反也，是故欲治甚者其赏必厚矣，其恶乱甚者其罚必重矣。今取于轻刑者，其恶乱不甚也，其欲治又不甚也。此非特[①]无术也，又乃无行。是故决贤不肖愚知之美[②]，在赏罚之轻重。且夫重刑者，非为罪人[③]也。（《韩非子·六反》）

【注释】

① 特：仅，只。② 决贤不肖愚知之美：愚知即“愚智”；“美”疑应作“分”，区别，分别。“决贤不肖愚知之美”即判断贤与不贤、愚蠢与聪明的区别。③ 罪人：罪，动词，责罚，惩处。

【今译】

奖赏丰厚人们想获得的速度就会很快，处罚苛重人们厌恶逃避的心情就会很急切。凡是趋利者一定会避害，害是利的相反面，和内心的欲求相反，怎么不会厌恶呢？想天下太平一定会厌恶混乱，乱是治的相反面，因此想竭力使天下太平的人实行奖赏一定会丰厚，十分厌恶混乱的处罚一定会苛重。如果选取轻刑的措施，那么厌恶混乱也体现得不会很明显，希图太平的意愿也不会很强烈。这不仅是不讲治国之术的表现，同时也没有现实意义。所以，判断贤与不贤、愚蠢与聪明的分界，就在于赏罚的轻重。况且加重刑罚，本来的目的并不在于要刻意责罚人。

【时析】

居安思危在中国古代是人们曾经热切议论的问题之一，除在意识上能够重视安危问题，戒骄戒躁，防止矛盾转化，关键是在现实中采取具体的措施，解决安危、利害问题。法家的“重刑”策略就是其中的一种思路。它的根据是人们趋乐避苦的自然反应，同时注意到安与危、利与害、福与祸各自相对的性质，采取厚赏重罚的措施以达到调整人们行为趋向的目的。作为对人们行为的引导和规范，取舍的标准和力度对行为后果有直接的影响。虽然时过境迁，法家过分的严刑苛法尽管难以让人们认同，但当人们在深入反思某些屡治不果的问题（如腐败问题等）时，会发现古人的提示还含有某些真理的颗粒。特别是其中的重刑的目的并不是故意责难人，除过追究相等的责任外，主要目的在于预防、震慑，提醒人不要铤而走险。至于刑罚的尺度和分量，则是需要斟酌的，如秤的秤锤（权）与秤杆（衡）一样，不在于僵化与模仿，而在于奏效与适宜，能够达到"欲治恶乱"的目的。

治世使人乐生于为是，爱身于为非，小人少而君子多，故社稷常立①，国家久安。奔车之上无仲尼，覆舟之下无伯夷。故号令者，国之舟车也。安则智廉生，危则争鄙起。故安国之法若饥而食，寒而衣，不令而自然也。（《韩非子·安危》）

【注释】

① 常立："常"，一作"长"。

【今译】

安定太平的环境下，人们在做好事的时候能体会到生存的快乐和价值，面临违背法律的行为就会考虑到要珍惜生命，这样，无耻的小人就会减少而才德出众的君子就会增多，国家才会得以长治久安。奔跑失控的马车上不可能有孔子那样的才智，倾覆难平的沉船中也无所谓伯夷式的美德。法律号令，相当于国家的舟车。环境安静，智慧和廉洁就会涌现，国家混乱，争扰和卑鄙就会兴起。因此，使国家安定太平的措施，就像人们饥饿时需要吃饭，寒冷时需要穿衣，不用额外发布命令而自己就会自然出现。

【时析】

这里着重论述了环境安危与人们品德才智的关系问题，强调环境的重要性。国家安定，人们有明确的是非荣辱廉耻观念，人的才能和品德的好坏便容易分辨。即使像孔子、伯夷那样的圣贤对环境也有一定的依托性。难能可贵的是，韩非认为一个国家的法令就像舟车一样，它是承载人们到达目的地的手段和工具，主要任务是使社会安定太平，促使人才的涌现。所以，法令不能仅仅体现领导者的好恶，应摒弃人为的违背事物发展内在规律的行为，这也就是韩非所说的"不令而自然"。"自然"也是韩非政治抱负中的重要构成因素之一。

任人以事，存亡治乱之机也。无术以任人，无所任而不败。（《韩非子·八说》）

【今译】

任用人做事，承担一定的职务，拥有一定的权势，这是国家存亡治乱的关键。如果不讲究任人的策略和手段，则很难有任用成功的例子。

【时析】

在法家中，韩非重视权、术、势三者的结合，是先秦后期法家的代表和集大成者。权、术、势的结合最典型的例子之一就是如何用人。如果选用和提拔某个人员，就要使他同时拥有一定的权力和地位，在处理事务时使用“术”的手段，便能很好地承担管理者的角色。这里，韩非强调任人是国家生活中的大事，是决定存亡治乱的关键，但是用人要注意采用“术”的方式，否则很难成功。如果在某种意义上采用“术”的手段有助于考察称职合适的管理人员，这种“术”也未尝没有一点价值。但是，韩非主张的任人意义重大，事关国家存亡治乱，虽略有夸张，但也突出了人才因素在国家管理中的重要地位，任人也是慎重和复杂的事情。

亲近为过不必诛，是锄不用也；疏远有功不必赏，是苗不养也。故世不患无法，而患无必行之法也。（《盐铁论·申韩》）

【今译】

亲近的人犯了过错而不一定受到处罚，这相当于不锄杂草；疏远的人有了功劳而不一定奖赏，这相当于不培育禾苗。所以世上不担心没有法令，而是担心没有切实可行的法令。

【时析】

法律是规范人们行动的重要凭借之一。待人处事，如果任人唯亲，就会招致人们的痛恨，袒护亲近者的过错，也容易姑息错误，听之任之，与不除田间的杂草相同，渐渐地小恶而成大恶，酿成祸患；如果关系疏远的人表现突出，也应该及时嘉奖，奖励立功，相当于培育禾苗，也就是扶植正气。可见，一个国家不害怕没有法令，而关键在于如何实施兑现既有法令，这种思想依然具有鲜明的时代意义和现实价值。

民之仰[1]法，犹鱼之仰水。水清则静，浊则扰。扰则不安其居，静则乐其业。乐其业则富，富则仁生，赡则争止。（《盐铁论·诏圣》）

【注释】

① 仰：依赖。

【今译】

人们依赖法律，就像鱼依赖水一样。水清的时候就生活得安静，水浊的时候就会相互惊扰。对社会来说，秩序混乱，人们就不会安居，社会稳定，人们便会安居乐业。安居乐业就会变得富裕，富裕了就会讲仁义，财物充足自然争夺就会停止。

【时析】

"民之仰法，犹鱼之仰水"，在今天依然有现实意义，尽管现代社会的"法"的概念和内涵已经与历史上的"法"有了鲜明的不同，但是强调法律是保障人们行动自由、人身财物安全的重要凭借则是一致的。鱼离开水便不能悠然自乐地游动，人如果离开了法律的保障，也不能安居乐业地生活。至于社会的稳定混乱对人们生活的影响，安居与富裕、富裕与仁义的关系，则需要具体分析，不能一概而论，因为现实事例告诉人们，"为富不仁"者大有人在，虽然财物充盈但依然争夺不已，这是值得进一步深思的内容。

治大者不可以烦，烦则乱；治小者不可以怠，怠则废。（《盐铁论·刺复》）

【今译】

处理大事的人不能繁琐，繁琐会导致混乱；办理具体小事的人不能松懈，松懈则难以成功。

【时析】

《老子》说"治大国若烹小鲜"，就是强调这种简易的办事风格，不能太繁琐。如果从长远角度考察，自然不能斤斤计较一些繁琐的细节，否则，一叶障目，就很难将事情办好，也会令他人无所适从，导致腹诽和慵惰。相反，如果在处理具体事务时，粗枝大叶，马马虎虎，那么也很难妥善地加以处理，所以在小事上更应认真勤奋，毫不懈怠。

大事辍者无功，耕怠者无获也。（《盐铁论·击之》）

【今译】

做事中途停顿的人不会获得成功，耕种懈怠的人不会有好的收获。

【时析】

这是浅显而切实的道理。做事应该坚持不懈，勤劳不已，不可半途而废，否则，难以取得成功。对于居安思危来说，也是如此。

国家大事，惟赏与罚。赏当其劳，无功者自退。罚当其罪，为恶者戒惧。则知赏罚不可轻行也。（《贞观政要·论封建》）

【今译】

国家的大事，就是奖赏和惩罚。奖赏如果与贡献相符，没有功劳的人就会自行引退。惩罚如果与罪恶相符，做坏事的人就会省戒恐惧。这样看来，奖赏和惩罚都不能随便施行。

【时析】

奖赏与惩罚是古代国家管理的两种重要手段，被称为“二柄”。如果实行得好，则可以惩恶扬善，褒奖有功的人，鞭策犯错误的人。但是这两种办法如果使用不当，就会引起一系列的祸端，如奖赏过宽，难以区分，泥沙俱下，有功无功、功大功小，纷起争抢，难以达到论功行赏的目的。如惩罚过苛，不做细致调查，或动辄得咎不明来由，或吞舟是漏暗藏侥幸，难以引起人们的反省和惊惧。虽然在实际上，要做到奖罚与行为本身相副称还有很大的难度，但至少在原则上是应该加以明确和讨论的。同时，克服奖惩的随意性也值得重视。今天，奖惩依然是激励先进、鞭策后进的常用手段，但在某些情形下或有失灵的反映，唐太宗的这番话足可以发人深思。

人之意见，每或不同，有所是非，本为公事。

或有护己之短，忌闻其失，有是有非，衔[1]以为怨。或有苟避私隙[2]，相惜颜面，知非政事[3]，遂即施行。难违一官之小情，顿为万人[4]之大弊，此实亡国之政。（《贞观政要·政体》）

【注释】

①衔：含。②私隙：隙，矛盾。私隙即私下个人的矛盾。③知非政事："政"一作"正"。④万人：即"万民"。

【今译】

人们关于某件事情的看法，每每或有不同，有肯定的，有反对的，原本都是为了公事。有的官员为了遮掩自己的短处，忌讳听到批评的意见，听到是非的评判，内心就产生怨愤。有的官员为了苟且躲避个人矛盾，相互之间顾及情面，明知难以推行或不适宜的事情，也立即实行。虽然没有违碍一个官员的小小的情面，但是却成为万民的重大祸端，这种因小失大的做法实际上是自取灭亡的途径。

【时析】

这是贞观元年唐太宗李世民告诉大臣王珪的话，很有见识，也有雅量。人们待人接物、处理问题时，对待同一件事情，不同人有不同的看法，这是很正常的，所谓"横看成岭侧成峰"。正是因为有不同的意见，在相互的辩论、比较、补充中，才能逐步加深对事物的认识，并形成切实有效的具有针对性的措施。如果仅仅是因为相互之间为了照顾情面或唯恐积下仇怨，而做出牵强的决定，则会贻害无穷。所以，当时以公事为主，考虑长远，反对以长官个人意志处理事情、进退人物，在今天看来也是极其难能可贵的，至少在某种程度上减少了决策的风险，也有利于正确认识同事关系与工作之间的联系，其中的吏治思想与智慧值得深思和反省。

仁义者常行之道，行之不得其术，以至于亡国。忠信者常用之道，用之不得其术，以至于获罪。廉洁者常守之道，守之不得其术，以至于暴民。财辨者常御之道，御之不得其术，以至于罹祸。（《化书·常道》）

【今译】

仁义本来是人们经常奉行的准则，但是如果遵行却不得方法，最终有可能导致亡国。忠信也是人们经常运用的原则，但是如果运用却不得方法，最终有可能导致取祸。廉洁是人们经常恪守的美德，但是如果恪守却不得方法，最终有可能侵害百姓。巧辨是人们经常使用的手段，但是如果使用却不得方法，最终也可能因而遭致祸患。

【时析】

单纯的有明晰可行的规范和可敬的美德，而不注意做事的分寸和方法，是值得深思的。顽固地坚守仁义、忠信、廉洁、财辨，虽然精神可嘉，如果不注意分析既定的条件，采取灵活的有针对性的方法，不仅有可能实现不了行为的目的，甚至反而会招惹祸灾。它给现代人的启示是，人们在日常生活中，注意方法和时机也是不容忽视的一个重要方面，仅仅存有美好的动机和道德操守是不够的。

祸福在所密，存亡在所用。（《路史》）

【今译】

祸患和福乐秘诀的关键在于怎样保密，生存和灭亡之道的关键在于如何使用。

【时析】

祸福转换，瞬息万变，难以预料。但是这种转变的萌芽和关键，却是处理事务时如何在一定范围内做到秘而不宣，比如军事、经济、科技、政治等领域，保密工作发生了问题，原先顺利的事情可能也会变得艰难。能否做到在一定时空条件下的保密，将会直接影响结果的祸福变化。国家或个人存亡是一个复杂问题，但是其中的关键与这个“用”关系极密切，如用人、用兵、用财、用心，等等，如果使用不当，违背自然规律、科学规律和法律规范、伦理道德，不能长期稳定持续协调发展，国家与个人的命运自然也会存在兴衰存亡的差异。

参考文献

高亨.周易大传今注.济南:齐鲁书社,1998.

十三经注疏·尚书.北京:中华书局,1980.

程俊英,蒋见元.诗经注析.北京:中华书局,1991.

左丘明撰,杜预集解.左传(春秋经传集解).上海:上海古籍出版社,1997.

十三经注疏·春秋左传正义.北京:中华书局,1980.

陈鼓应.老子注译及评介.北京:中华书局,1984.

杨伯峻.论语译注.北京:中华书局,1958.

孙诒让撰,孙启治点校.墨子闲诂.北京:中华书局,2001.

中国军事史编写组.武经七书注译.北京:解放军出版社,1986.

李零.郭店楚简校读记(增订本).北京:北京大学出版社,2002.

杨伯峻.孟子译注.北京:中华书局,1960.

陈鼓应.庄子今注今译.北京:中华书局,1983.

王先谦撰,沈啸寰、王星贤点校.荀子集释.北京:中华书局,1988.

戴望著.管子校正.诸子集成五.北京:中华书局,1954.

王利器.文子疏义.北京:中华书局,2000.

陈奇猷.吕氏春秋校释.上海:学林出版社,1984.

王先慎撰,钟哲点校.韩非子集解.北京:中华书局,1998.

二十二子.上海:上海古籍出版社,1986.

阎振益、钟夏.新书校注.北京:中华书局,2000.

王利器.新语校注.北京:中华书局,1986.

韩婴撰,许维遹校释.韩诗外传集释.北京:中华书局,1980.

司马迁.史记.北京:中华书局,1982.

班固撰,颜师古注.汉书.北京:中华书局,1962.

刘文典、冯逸、乔华点校.淮南鸿烈集解.北京:中华书局,1989.

王贞珉注译,王利器审订.盐铁论译注.长春:吉林文史出版社,1995.

论衡,四部备要第五十四册.北京:中华书局,1989.

潜夫论,四部备要第五十四册.北京:中华书局,1989.

诸葛亮集.北京:中华书局,1960.

王弼著,楼宇烈校释.王弼集校释.北京:中华书局,1980.

王利器撰.颜氏家训集解(增补本).北京:中华书局,1993.

吴兢撰,谢保成集校.贞观政要集校.北京:中华书局,2003.

谭峭撰,丁祯彦、李似珍点校.化书.北京:中华书局,1996.

王安石文集.上海:上海古籍出版社,1999.

唐甄.潜书.北京:中华书局,1984.

王夫之.读通鉴论.北京:中华书局,1975.

王夫之.读四书大全说.北京:中华书局,1975.

诸子集成.成都:四川人民出版社,1998.

四库全书(文渊阁本).上海:上海古籍出版社,1987.

张岂之.中华人文精神(增订本).西安:陕西人民出版社,2007.

跋

王　军

2007年春，有幸拜读了叶国华先生主编、香港耀中出版社出版的《论语今译时析》。此书是香港耀中教育机构学习继承中国传统文化的基本参考图书之一。读后感受良多，因而产生了以中华人文经典为素材，以主题为线索，以语录为体裁编一套丛书的想法。在与西安出版社社长、编审张军孝先生和陕西师大国际汉学院院长、教授陈学超先生进行多次认真磋商和交流探讨中，碰撞出一些火花，使意念逐渐成为工作目标。紧接着，请学超先生草拟了一个初步编写设想，又约请香港同仁一起讨论，对初步编写方案提出了建设性的意见。鉴于编写好《中国传统文化经典语录》任务艰巨，颇有难度，军孝先生建议请著名史学家、教育家张岂之先生担纲。张先生听了我们的动议后，非常兴奋，并愉快地答应主持编写这套丛书。随后，由张岂之先生主导召开了三次大型的专家讨论会，形成了具体的、操作性很强的意见。岂之先生自始至终参与了编写大纲、选题、选人和初审、终审的全过程。叶国华先生在百忙中，专门召开了黄山会议，对全书的编辑和出版发行工作提出了中肯意见，并派出学养深厚的中西学者参与了策划编辑全过程。可以说，他们二位主编可不是只挂名的。

主编之一的张岂之先生是我国著名的史学家、教育家。作为侯外庐学派主要的学术薪火传人，张先生在中国思想史、中国哲学史、中国学术史等诸多领域，取得了令人瞩目的成就。如果没有张岂之先生的亲自主导，全面启动编写工作并达到预期的质量要求是不可想象的。另一位主编叶国华先生是香港著名的实业家和教育家，他对中国传统文化不仅酷爱有加，而且感悟深刻。同时，他还不遗余力地为弘扬中国优秀文化而坚持不懈地在世界各地奔走，十分令人敬佩。

我真切地期望，广大读者通过这套丛书，体会中国文化的独特魅力，感悟中国优秀文化中具有普世价值的名言名句在推动世界多元文化发展中的地位和作用。期望《中国传统文化经典语录》在继承中国优秀传统文化，建设社会主义核心价值体系，建设中华民族共有精神家园方面，起到范本的作用，并持久地传诵下去。

2008年6月5日于西安浐灞